职业教育汽车类专业规划教材

汽车行业法律法规案例教程

夏令伟 主编

何丽 乐毅 孙剑菁 副主编

清华大学出版社

北京

内 容 简 介

本书主要内容包括售后索赔案例分析、汽车售后服务案例分析、车辆保险案例分析、汽车配件销售投诉案例分析，以及汽车后市场相关法律法规。

本书既可作为高等职业教育汽车检测与维修、汽车技术服务与营销等专业的教材使用，也可作为相关行业岗位的技能培训或自学用书。

本书封面贴有清华大学出版社防伪标签，无标签者不得销售。
版权所有，侵权必究。举报：010-62782989，beiqinquan@tup.tsinghua.edu.cn。

图书在版编目(CIP)数据

汽车行业法律法规案例教程/夏令伟主编.---北京：清华大学出版社，2015(2021.12重印)
职业教育汽车类专业规划教材
ISBN 978-7-302-40531-3

Ⅰ．①汽… Ⅱ．①夏… Ⅲ．①汽车工业－工业法－中国－高等职业教育－教材 ②汽车管理－法规－汇编－中国－高等职业教育－教材 Ⅳ．①D922.290.9

中国版本图书馆 CIP 数据核字(2015)第 166904 号

责任编辑：刘翰鹏
封面设计：常雪影
责任校对：李　梅
责任印制：宋　林

出版发行：清华大学出版社
网　　址：http://www.tup.com.cn, http://www.wqbook.com
地　　址：北京清华大学学研大厦 A 座　　邮　编：100084
社 总 机：010-62770175　　邮　购：010-62786544
投稿与读者服务：010-62776969, c-service@tup.tsinghua.edu.cn
质量反馈：010-62772015, zhiliang@tup.tsinghua.edu.cn

印 装 者：涿州市京南印刷厂
经　　销：全国新华书店
开　　本：185mm×260mm　　印 张：9.75　　字　数：216千字
版　　次：2015年8月第1版　　印　次：2021年12月第3次印刷
定　　价：33.00元

产品编号：065009-01

职业教育汽车类专业规划教材
专家委员会

顾问

陈晓明(中国机械工业教育发展中心主任、教育部全国机械职业教育教学指导委员会副主
 任兼秘书长)

专家委员会主任

吴培华(清华大学出版社总编辑、编审)

专家委员会委员

李双寿(清华大学教授、清华大学基础工业训练中心主任)

张执玉(清华大学汽车工程系教授)

王登峰(吉林大学汽车学院教授、博士生导师)

刘　洋(广汇汽车服务股份公司人力资源总经理)

李春明(长春汽车工业高等专科学校副校长教授)

陈博伟(上汽大众 VW 服务技术培训部经理)

白晓英(上海通用汽车市场营销部网络发展与管理经销商培训特殊项目经理)

楼建伟(中锐教育集团总经理助理、教育部全国机械职业教育教学指导委员会产教合作促
 进与指导委员会秘书长)

职业教育汽车类专业规划教材
编审委员会

编审委员会主任

周肖兴(中锐教育集团董事总经理、教育部全国机械职业教育教学指导委员会产教合作促进与指导委员会主任委员)

编审委员会副主任

夏令伟(中锐教育集团研究院副院长、无锡南洋职业技术学院汽车工程与管理学院院长、教授)

丁　岭(清华大学出版社职业教育分社社长、编审)

韩亚兰(中锐教育集团华汽事业部总经理)

钱　强(无锡南洋职业技术学院汽车工程与管理学院副院长、副教授)

编　委(按姓氏拼音字母排列，排名不分先后)

陈　荷　陈光忠　戴　华　丁雪涛　高培金　韩玉科　贾清华　荆旭龙　康　华
李　权　梁建和　刘佳霓　龙　超　鲁学柱　钱泉森　王金华　王晓峰　魏春雷
席振鹏　肖　翔　徐景山　薛　淼　杨运来　于得江　张　芳　章俊成　赵成龙
周有源

执行编委

朱　莉

编　辑

刘士平　帅志清　刘翰鹏　王剑乔

序

汽车业是国民经济的重要支柱产业。汽车工业是生产各种汽车主机及部分零配件或进行装配的工业部门。中国汽车制造业增势迅猛,2009年国内汽车销量突破1300万辆,超越美国成为全球最大的汽车市场。2014年,国内汽车年产销2200万辆。汽车是高科技的综合体,并且随着汽车工业的不断发展,新技术、新材料、新工艺、新车型不断涌现,给人们带来丰富多彩的汽车文化的同时,也给汽车从业人员和汽车专业的教学提出了挑战。

汽车后市场是指汽车销售以后,围绕汽车使用过程中的各种服务,涵盖了消费者买车后所需要的一切服务。商务部公布的汽车授权销售商已经突破9万个,其中24000家4S店;国内拥有600余家新车交易市场或汽车园区,拥有800余家二手车交易市场,拥有1000余家汽车配件和汽车用品市场。汽车后市场的繁荣形成了巨大的高技能人才需求。

职教领域汽车专业是随汽车工业不断发展而衍生出来的一个专门服务于这个行业的专业系,主要包括汽车服务工程、汽车销售与评估、汽车检测与维修、汽车商务管理等学科,基本涵盖了汽车行业研发、制造、销售、售后服务等过程。目前一些职业院校人才培养还不能够适应行业发展需要,成为阻碍汽车行业发展中一个至关重要的问题。如何能够协调好行业发展与人才培养问题,需要切实解决在职业教育中汽车专业所需要面对的问题方法,从教学观念着手,切实改进教育方法,注重学生实际操作能力要求,加强学生实际工作能力,加强师资队伍建设,加强与企业的深度融合。

中锐教育集团与上海通用、上海大众、一汽奥迪、广汽本田、中国汽车流通协会以及国内众多的汽车经销商集团合作,学习并吸收国外先进的职业教育经验和人才培养模式,引入汽车主机厂的员工培训模式与方法,和清华大学出版社联合推出此系列规划教材。教材针对当前汽车产业所采用的大量新技术、汽车检测新技术和新设备的升级更新,针对汽车行业与企业对人才需求的新标准和新要求,针对学生今后就业岗位的职业岗位能力要求和职业素养要求,正满足汽车专业职业教育产教融合的需要。

随着国家提出创新驱动的战略,未来汽车行业对于技能型人才的需求还将继续扩大,同时国家正在致力推动汽车职业教育的转型升级,汽车行业职业教育面临着机遇和挑战并存的现状。希望通过双方共同的努力,逐步建立整套汽车专业设置的解决方案,完善汽车职业教育与汽车行业企业人才需求、课程内容与汽车职业标准,培养满足未来汽车行业要求的技能型人才。

写于清华园

2014 年 12 月

自　序

　　职业教育培养的是技术技能型人才,为工业化转型和经济发展升级换代提供人力资源保障,发展职业教育是提升综合国力和核心竞争力的重要措施和手段,是实现中国梦的重要支撑。职业教育是现代国民教育体系的重要组成部分,在实施科教兴国和人才强国战略中具有重要的作用。党中央、国务院高度重视发展职业教育,《国家中长期教育改革和发展规划纲要(2010—2020)》和《现代职业教育体系建设规划(2014—2020)》等文件都强调要大力发展职业教育,明确未来要让职业学校的专业设置、教学标准和内容更加符合行业、企业岗位的要求。

　　中锐教育集团创始于1996年,是中锐控股集团旗下的主要成员,总部位于上海,是中国领先的职业教育投资商和服务商,经过多年的不懈努力,形成了涵盖基础教育、高等教育、国际教育、职业教育与企业培训的集团化教育课程体系,是目前国内教育业务范围最广、投资规模最大的教育集团之一。

　　2006年,中锐教育集团响应国家大力发展职业教育的号召,认真贯彻落实国家教育改革与发展纲要精髓,积极推动汽车制造与服务类专业改革与创新,力争教育教学质量和人才培养指标提升,为行业提供高素质人才。集团以汽车职业教育为龙头,创立"华汽教育"品牌,积极引进国外优质教育资源、课程体系、师资力量以及考试认证体系,整合行业资源,成功开发了符合中国国情、拥有自主知识产权的汽车职业教育课程体系。中锐教育集团把优化专业结构、创新人才培养模式、加强专业内涵建设和课程体系建设作为教育教学改革的重点核心任务,积极组织研发教材,旨在提高教育教学质量和办学水平。

　　近些年,中锐教育集团坚持教育改革,探索和建立完善的教学体系,围绕学生就业核心岗位的工作领域构建人才培养方案,形成公共教学平台、专业基础平台、专业模块加专业拓展平台的课程体系;针对专业所面向的行业(产业)与岗位群,以岗位通用技能与专门技能训练为基础,系统设计满足专业共性需求与专门化(或个性化)需求、校内校外相结合的实训体系;围绕专业人才培养方案,以培养职业岗位能力和提高职业素养为重点,在校企之间搭建信息化平台,将企业资源引入教学中,建设开放式的专业教学支持系统,创建先进的数字化学习空间,实现信息化教学资源在专业内的广泛共享。

中锐教育集团不断改革与完善课程结构,自 2007 年以来,开发了华汽 1.0 版本、2.0 版本和 3.0 版本的教材。在前三个版本基础上开发了 4.0 版本教材。本 4.0 版本教材针对现代汽车上采用了大量的新技术、汽车检测新技术、新设备的升级更新、针对汽车行业与企业对人才需求的新标准与新要求、针对学生今后就业岗位的职业岗位能力要求和职业素养要求,教材建设要体现思路新、内容新、题材新。中锐教育集团积极与上海通用、上海大众、一汽奥迪、广汽本田和全国机械职业教育教学指导委员会、机械工业教育发展中心、中国汽车流通协会,以及与全国众多的汽车经销商集团合作,学习吸收国外先进的职业教育先进经验和人才培养模式与方法,引入汽车主机厂的员工培训模式与方法,将岗前培训的要求与内容引入课程中,将职业岗位能力要求嵌入课程,课程建设始终贯彻建立以服务地方经济为目标,以学生就业为导向,加强职业素质训导、强化职业道德教育,强化任务驱动、项目导向、"教—学—做"一体化的教学模式。

为了适应教学改革的需要,积极发展信息化教学。4.0 版教材具有纸质版与电子版两种版本,纸质版教材多数采用彩色印刷,图文并茂,更符合高职学生的学习要求。中锐教育集团积极开发 O2O 在线教学与管理平台,将电子版教材放入"电子书包"中,同时与微课、微视频、操作技能培训视频、错误操作纠错视频、原理动画等相配套。与教学互动、在线考试相结合,充分利用信息化教学平台,激发学生的学习积极性和主观能动性,提高教学质量,提高职业岗位能力的培养。

本丛书组建了高等院校、高等职业技术学院、汽车工程学术组织、汽车技术研究机构、汽车生产企业、汽车经销商服务企业、汽车维修行业协会、汽车流通行业协会及汽车职业技能培训机构等各方人士相结合的教材编审委员会,以保证教材质量。

真诚地希望本丛书的出版能对我国的职业教育和技能培训有所裨益,热切期待广大读者提出宝贵意见和建议,使教材更臻完善。

2014 年 12 月

前　言

　　汽车专业高职学生的就业方向主要在汽车后市场,包括汽车销售、汽车维修、汽车保险、旧机动车评估与交易、汽车配件销售等行业。在汽车各行业的实际工作中一定会产生人对人、人对物的矛盾,当产生问题时如何运用相关法律法规分析问题,解决问题,按照责任保护消费者权益,维护经营者权益,是汽车后市场各行业各职业岗位的一个基本能力,也是汽车专业的高职学生应该掌握的技能。中锐教育集团教育研究院在调研汽车专业高职学生的就业方向和职业岗位技能要求的基础上,修订了汽车检测与维修专业和汽车技术服务与营销专业的人才培养方案,开设了汽车法律法规课程,编写了课程标准和配套的教材。

　　要规范汽车后市场各行业的管理和经营,必须依法治理、依法管理、依法经营。我国汽车后市场各行业有国家级、部委级、行业级等各类法律法规,高职学生要在学校里熟悉各类法律法规是难以实现的,必须在今后结合从事的工作继续学习相关的法律法规,进而自觉执行法律法规。为此,本书不是简单地挑选部分法律法规组合成教材,而是请汽车后市场各行业专家挑选实际工作中的典型案例,加以案例点评来进行编写。目的是让学生通过学习典型案例及案例分析,了解根据相关法律法规应该怎么做,举一反三,在案例学习中熟悉相关的法律法规,为今后在工作中进一步学习和执行法律法规打下基础。

　　本书通过案例分析引导学生掌握汽车营销的法律法规基本知识、汽车维修的相关法律法规、国家的车险法律条文、《家用汽车产品修理、更换、退货责任规定》(本书简称《汽车三包规定》)等,通过案例分析引导学生了解消费者权益保护法的概念及作用,熟悉和掌握消费者权益保护的有关条例,学习运用消费者权益保护法,对消费者进行保护和正当权利的捍卫,维护汽车经销和维修企业的正当权益。

　　本书的特色是聚集了大量的案例,每个案例都采用案例概述、处理过程和案例点评3个方面予以叙述,通过循序渐进、步步深入、案例导入的形式,使学生感到学习法律法规不枯燥、不说教,激发学生的学习积极性和主动性。本书各模块的编写和修改工作全部聘请在企业一线工作的管理人员和技术人员担任，由于他们在一线工作，积累了大量的真实案例，通过叙述分析这些案例，使枯燥的理论教学教材成为生动的理实一体化的教学教材。本书可以结合"翻转课堂"的教学方法进行教学，提高教学质量。

本书由中锐教育集团教育研究院常务副院长夏令伟担任主编，并负责全书统稿和编写模块5；由无锡德孚汽车有限公司销售经理何丽担任副主编，并编写模块1；由上海汽车配件用品流通协会培训部乐毅担任副主编，并编写模块4；由上海永安保险股份有限公司孙剑菁担任副主编，并编写模块3；由上海永达丰田汽车销售服务有限公司4S店服务经理何海林编写模块2；由施玮担任本书的主审。

本书在编写中得到了全国机械行业协会、中国汽车流通协会、上海市汽配流通协会、上海车勤数据科技有限公司、上海汇羿汽车销售服务有限公司、无锡德尔汽车集团的大力支持，在此一并表示衷心的感谢。

限于编者的水平、地区差异和时效性，本书难免存在不足之处，欢迎批评指正。

编 者

2015年6月

目 录

模块 1　售后索赔案例分析 <<<1

- 案例 1-1　新车控制单元损坏要求索赔 ………………………………… 2
- 案例 1-2　新车前挡风玻璃上有凹坑要求更换新车 …………………… 3
- 案例 1-3　转向系统零部件出现故障的投诉 …………………………… 4
- 案例 1-4　新车转向系统有故障要求更换新车 ………………………… 5
- 案例 1-5　车辆突然熄火要求更换新车 ………………………………… 5
- 案例 1-6　新车二次维修未解决问题要求更换新车 …………………… 6
- 案例 1-7　客户投诉原装导航系统失效 ………………………………… 8
- 思考与分析 ………………………………………………………………… 8

模块 2　汽车售后服务案例分析 <<<11

- 案例 2-1　客户有意隐藏车辆曾发生事故的过度维权 ………………… 12
- 案例 2-2　投诉车辆百公里燃油超标 …………………………………… 13
- 案例 2-3　投诉车辆不能启动 …………………………………………… 14
- 案例 2-4　帕萨特车在高架上自燃的投诉 ……………………………… 15
- 案例 2-5　投诉卡罗拉车仪表台异响 …………………………………… 16
- 案例 2-6　投诉右前轮轮胎螺栓断裂 …………………………………… 17
- 案例 2-7　投诉车辆右前翼子板被擅自做油漆 ………………………… 18
- 案例 2-8　投诉擅自补轮胎 ……………………………………………… 18
- 案例 2-9　投诉保养车缺失物品 ………………………………………… 19
- 案例 2-10　客户抱怨车辆更换刹车片后产生刹车异响 ………………… 20
- 案例 2-11　投诉柯斯达车身抖动 ………………………………………… 21
- 案例 2-12　投诉行李箱盖油漆有色差 …………………………………… 21
- 案例 2-13　投诉倒车雷达失准 …………………………………………… 22
- 案例 2-14　投诉新换轮胎漏气 …………………………………………… 23
- 案例 2-15　投诉车辆没有清洗干净 ……………………………………… 24
- 案例 2-16　左后裙边油漆起壳的投诉 …………………………………… 24
- 案例 2-17　投诉服务接待过度使用发动机养护用品 …………………… 24
- 案例 2-18　锐志车时规齿轮盖渗油投诉 ………………………………… 25

案例 2-19	投诉 CD 机未在承诺时间安装	26
案例 2-20	发动机抱缸律师函	26
案例 2-21	拒付第二次保养费用	27
案例 2-22	投诉刹车片价格贵	28
案例 2-23	投诉空调异味	29
案例 2-24	投诉保养完工后不通知	30
案例 2-25	投诉保养时把新车脚垫弄脏	30
案例 2-26	凌志车维修质量投诉	31
案例 2-27	投诉保养车无人接待	31
思考与分析		32

模块 3　车辆保险案例分析<<<33

案例 3-1	牵涉第三方的索赔	34
案例 3-2	第三者责任险	34
案例 3-3	规定时间内报案	35
案例 3-4	车辆保管不善造成丢失	35
案例 3-5	全车盗抢险赔偿范围	36
案例 3-6	违背保险合同	37
案例 3-7	行驶证或驾驶证过期	38
案例 3-8	痕迹不符 1	40
案例 3-9	痕迹不符 2	43
案例 3-10	停放受损	45
案例 3-11	修理厂造假	48
案例 3-12	顶包案件 1	51
案例 3-13	顶包案件 2	53
案例 3-14	欺诈案件 1	55
案例 3-15	欺诈案件 2	57
案例 3-16	欺诈案件 3	60
案例 3-17	欺诈案件 4	63
案例 3-18	欺诈案件 5	67
案例 3-19	套件拼凑 1	70
案例 3-20	套件拼凑 2	74
案例 3-21	套件拼凑 3	78
案例 3-22	先险后保	80
案例 3-23	套牌车	82
案例 3-24	多次出险案件涉嫌套牌	83
案例 3-25	现场痕迹存疑案件 1	85
案例 3-26	现场痕迹存疑案件 2	86

案例 3-27　现场痕迹存疑案件 3 ……………………………………………… 88
　　案例 3-28　现场痕迹存疑案件 4 ……………………………………………… 89
　　思考与分析 …………………………………………………………………………… 91

模块 4　汽车配件销售投诉案例分析<<<93

　　案例 4-1　要求赔付或修理倒车雷达和后保险杠的投诉 ………………………… 94
　　案例 4-2　有关隔热膜质量的投诉 ………………………………………………… 94
　　案例 4-3　异地机油泵质量投诉 …………………………………………………… 95
　　案例 4-4　假冒伪劣正时皮带的投诉处理 ………………………………………… 96
　　案例 4-5　换装离合器造成烧毁的投诉处理 ……………………………………… 96
　　案例 4-6　新轮胎漏气的投诉处理 ………………………………………………… 97
　　案例 4-7　涡轮增压器质量投诉处理 ……………………………………………… 98
　　案例 4-8　劣质动力转向储油壶质量问题 ………………………………………… 99
　　案例 4-9　经销主机厂剩余配套产品是否侵权问题 ……………………………… 99
　　案例 4-10　汽配经销商销售主机厂注册商标的配件产品是否侵权问题 ……… 100
　　案例 4-11　国内汽配经销企业经销国外注册商标零部件的侵权问题 ………… 101
　　思考与分析 ………………………………………………………………………… 102

模块 5　汽车后市场相关法律法规<<<103

　　5.1　道路运输车辆维护管理规定 ………………………………………………… 104
　　5.2　机动车维修管理规定 ………………………………………………………… 106
　　5.3　家用汽车产品修理、更换、退货责任规定 ………………………………… 114
　　5.4　二手车流通管理办法 ………………………………………………………… 120
　　5.5　机动车辆保险条款(全国)(保监发[2000]第 16 号)………………………… 124
　　思考与分析 ………………………………………………………………………… 133

参考文献<<<137

模块 1

售后索赔案例分析

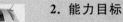

1. **知识目标**
(1) 能描述汽车售后索赔的接待流程；
(2) 能说明《汽车三包规定》的主要内容。

2. **能力目标**
(1) 能结合汽车售后索赔接待案例查阅汽车法律法规的相关条例；
(2) 学会运用法律法规条款正确处置客户对售后索赔的抱怨和投诉方法。

案例 1-1 新车控制单元损坏要求索赔

1. 案例概述

上海某奥迪 4S 店客服接到客户向某的投诉。向某声称 6 个月前在该公司买了一台奥迪 A6L 车,目前已行驶 12 000 公里,经检查车辆某控制单元发生损坏,车辆目前仍在索赔期,但服务顾问声称拒绝索赔。客户向客服经理进行投诉。

2. 处理过程

客服经理接到投诉后,耐心倾听了向某的叙述,让向某的情绪先得到稳定。然后立刻与服务顾问进行沟通,并对事情的经过进行了详细的了解。经查证,虽然向某的车辆仍在索赔期,但车辆问题的产生是因为向某对自己的车辆进行的改装不当引起的。按照车辆三包相关规定,因消费者对自己的车辆进行自行改装、调整、拆卸造成损坏的,经营者对所涉及的产品质量问题,可以不承担三包责任。客服经理针对三包条款,给向某进行了详细的陈述和解释(如图 1-1 所示),并且积极向公司申请,希望能为向某的本次维修费用争取到一定的折扣。后经过协商,向某最终与 4S 店达成共识。

图 1-1　客服经理向客户解释《汽车三包规定》

3. 案例点评

很多消费者对三包的误区有以下几种。

(1) 只要在三包范围内,任何零部件的损坏都可以进行免费维修和更换。

说明:三包对可索赔的零部件有明确的说明,对超出三包凭证明示的质量担保期的易损件,经营者可不承担担保责任。

(2) 只要损坏的零部件是三包凭证明示的,都可以进行免费更换。

说明:《汽车三包规定》明确指出,有以下情形经营者可以不承担所规定的三包责任。

① 消费者所购买的汽车产品已被书面告知存在瑕疵的;

② 随车文件明示不得改装、调整、拆卸,但消费者自行改装、调整、拆卸而造成损坏的;
③ 发生产品质量问题,消费者自行处置不当而造成损坏的;
④ 因消费者未按照使用说明书要求正确使用、维护、修理产品,而造成损坏的;
⑤ 因不可抗力造成损坏的;
⑥ 易损件超出本凭证明示的质量担保期,而出现产品质量问题的;
⑦ 在上述保修期和三包有效期内,不能提供有效发票和三包凭证的。

案例 1-2　新车前挡风玻璃上有凹坑要求更换新车

1. 案例概述

2014年12月20日,苏州某品牌4S店早上8点钟就被客户堵门。客户要求更换新买的车辆,言辞非常激烈,控诉该4S店销售劣质车辆,一时间店门口围满了前来观看的人群。该4S店服务总监对此事件非常重视,立即对客户投诉的事件进行受理。

2. 处理过程

该4S店的服务总监并没有要求客户立即将车辆开走,而是积极主动地邀请客户到洽谈室,先对事情的原因进行了了解。经过积极地沟通,服务总监了解到客户于12月18日在4S店提取了一辆新车,刚刚使用两天,今天洗车时发现前挡风玻璃上有明显的凹坑。对此,客户非常恼怒,强烈要求4S店更换新车,并且要求10万元的精神赔偿。听完客户的叙述,服务总监立即要求技术经理对玻璃的凹坑进行查看,经服务经理查看,玻璃的凹坑明显是由于外力造成的,此现象不属于质量范围。按规定无法满足客户的索赔要求。后经详细了解,客户车辆保有玻璃险,并且符合保险理赔的要求。经与客户协商,通过玻璃险帮助客户更换玻璃。

3. 案例点评

在本案例中,消费者在使用产品两天后才发现玻璃的凹坑。在购买过程中,消费者应在提车时按照《汽车三包规定》对车辆进行检查,并获得以下信息:
(1) 车辆的发票/随车工具/使用说明书/三包凭证/保养手册;
(2) 当面查验家用汽车产品的外观、内饰等现场可查验的质量状况等。

在本案例中,车主要求4S店换车,不符合《汽车三包规定》。《汽车三包规定》对车辆的更换有明确的说明。

在三包期间内:
(1) 因严重安全性能故障累计进行了两次修理,严重安全性能故障仍未排除,或者又出现了新的安全性能故障;
(2) 发动机、变速器累计更换两次后,或者发动机、变速器的同一主要零件因其质量问题,累计更换两次后,仍不能正常使用的,发动机、变速器与其主要零件的更换次数不重复计算;
(3) 转向系统、制动系统、悬架系统、前/后桥、车身的同一主要零件因其质量问题,累计更换两次后仍不能正常使用的。

案例 1-3 转向系统零部件出现故障的投诉

1. 案例概述

某日产 4S 店在 2015 年 2 月接到了一位客户的投诉,客户声称自己于 2014 年 5 月在该 4S 店购买了一台新车,目前行驶 6 万公里,在保养过程中发现转向系统的一个零部件出现故障,要求该 4S 店进行免费更换,但是该 4S 店的服务顾问拒绝了此配件的索赔,客户对此无法理解。

2. 处理过程

该 4S 店的客服经理耐心倾听了客户的叙述后立刻联系了服务顾问,对整个事件进行了深入的了解。通过了解得知,此客户所购买的车辆属于营运性质的车辆,所以根据《汽车三包规定》该车三包责任免除。了解事情的真正原因后,客服经理给客户耐心地讲解了三包责任免除条款(如图 1-2 所示)。后经过协商,双方达成一致。

图 1-2　客服经理给客户耐心地讲解三包责任免除条款

3. 案例点评

在本案例中,虽然客户的车辆手续齐全,并且该车在三包期间内,但是 4S 店却拒绝索赔,因为根据《汽车三包规定》以下几种情况三包责任免除。

(1) 以书面形式被告知家用汽车产品存在瑕疵的;
(2) 用于出租或其他营运目的的;
(3) 发生故障后,消费者自行处理不当的;
(4) 消费者自行改装、调整、拆卸造成损坏的;

（5）未按照使用说明书要求正确使用、维护的；
（6）因不可抗力造成损坏的。

案例 1-4 新车转向系统有故障要求更换新车

1. 案例概述
2014年12月，苏州某奥迪4S店迎来了一位特殊的客户。该客户于2014年10月购买了一辆2.0T的奥迪A4L车，在使用过程中发现该车的转向系统有问题。经检测，转向系统中有零件出现问题，需要更换。因为该车仍在三包期间内，客户要求该4S店免费更换，该4S店的服务顾问却拒绝了客户的要求，客户十分恼怒，直接向公司领导进行了投诉。

2. 处理过程
此4S店的服务总监耐心倾听了客户的投诉，同时向服务顾问了解了整个事件产生的原因。原来该客户虽然购买的是奥迪A4L车，并且奥迪A4L车确实在三包期间，但是该车的销售者为浙江某奥迪4S店，所以服务顾问拒绝了该客户的索赔。

3. 案例点评
在本案例中，该客户对《汽车三包规定》了解得比较模糊。《汽车三包规定》明确规定三包责任由销售者依法承担。销售者依照规定承担三包责任后，属于生产者的责任或者属于其他经营者的责任的，销售者有权向生产者、其他经营者追偿。即谁销售谁负责三包的原则。所以客户在购买车辆的过程中，一定要注意车辆的来源。

说明：在三包中，消费者是指为生活消费需要购买家用汽车产品的自然人或组织；销售者是指以其名义向消费者直接交付家用汽车产品并收取货款、开具发票的单位或者个人；生产者是指制造、装配家用汽车产品并以其名义颁发产品合格证的企业，家用汽车产品的进口商视同制造商。

案例 1-5 车辆突然熄火要求更换新车

1. 案例概述
2014年5月21日，某地某奥迪4S店突然接到李先生的求助电话，李先生在电话里显得非常紧张，声称自己的车突然在路中间熄火，目前无法启动，李先生希望该4S店立刻派救援车进行救援。接到李先生的求助电话后，该4S店立刻派出救援车辆进行救援。把李先生的车拖回4S店后，该4S店对车辆进行了全方位的检测，检测后发现李先生的车的一个控制单元的元件已经损坏。李先生对此事件的发生非常气愤，要求4S店退车、退款或者更换同等配置的新车。但是该4S店拒绝了李先生的要求，并告知李先生此控制单元的元件无法索赔。

2. 处理过程
该4S店的售后负责人随即接待了李先生，售后负责人先耐心地听取了李先生的疑惑,然后找到对应的服务顾问进行了询问,4S店售后负责人经过详细询问了解到:李先生的车是5月份新购的,按照《汽车三包规定》,李先生的车处于免费索赔期内,但是由于李先生车的熄火是由李先生不恰当的改装造成的,所以该4S店拒绝了对李先生的车进行理赔。了解到车辆情况后,该4S店的售后负责人耐心地给李先生进行了解释(如图1-3所示),并带着李先生了解了整个车辆的检查过程。最终李先生了解到车辆熄火是由自己不恰当的改装造成的,李先生随即撤销了对4S店的投诉,并希望4S店尽快解决车辆熄火的问题。

图1-3　该4S店的售后负责人耐心地给李先生解释索赔政策

3. 案例点评

在本案例中,李先生的车是由于车辆改装不当造成的车辆无法索赔。在此提醒消费者:在购买车辆的过程中,如果需要对车辆进行改装,应该到对应的4S店或者有授权的正规的改装点。

案例 1-6　新车二次维修未解决问题要求更换新车

1. 案例概述

某别克4S店的前台接待服务区因李先生的过度维权行为,影响了正常的售后服务工作的开展。服务接待把此情况汇报给售后经理。李先生声称两个月前在本店买了一辆别克君威车,目前已行驶4 000多公里,下雨天时左后边座椅被雨水浸透不能使用。来店维修两次未见解决,李先生要求退车。经检查发现,车辆C柱顶端处与后挡风玻璃接合有很小的缝隙,造成下雨时间超过4小时后,雨水从C柱内饰件处渗入到后排座椅,填充料材料受湿吸水时间稍长,座椅垫能挤出水来。车在该4S店买的,出现问题后第一时间与售后服务联系。服务接待要李先生把车窗关闭再观察,如果仍有此现象再到店里来检查。李先生特别注意了停车关窗事项,但再次下雨又出现了这种现象。李先生认为该车是新车,出现了质量问题,要求退车,不同意修复。而服务接待人员按照主机厂的规定,只答应修复。双方对处理方案产生分歧。

2. 处理过程

售后经理通知客服经理一同去前台处理此事,在前台接待区把李先生请进客服经理办公室,客服经理请李先生入座,耐心倾听了李先生抱怨。售后经理也急忙为李先生送上饮料,也坐下一起听其倾叙,等李先生发泄后情绪逐渐稳定时,把握时机马上与其沟通,说明经销店的立场和态度,按照《汽车三包规定》,车辆出现的瑕疵只要在不影响车辆安全行驶前提下均以修复为主,三次修复不好可以自寻维修企业修理,发生费用均由原承修企业负责。车辆"三包"期为两年/5万公里。

在"三包"期内,按照车辆使用说明书条款,对车辆出现的各种瑕疵进行保修、赔偿。客服经理针对三包条款,将车辆包修、索赔政策对李先生进行了详细的陈述和解释,经销商将以最大努力,积极向上级公司申请,使包修最大化,使本次车辆受损、受潮部位全部赔偿,更换原厂配件;为表示4S店的诚意,对李先生精神损失补偿,送三次免费保养、全棉车座椅套一副、抱枕4只、VIP金卡(长期工时8.5折)一张。在两位经理真诚、积极、贴心服务的感动下,李先生与该4S店达成共识,同意该修理与补偿处理方案。

3. 案例点评

(1)《汽车三包规定》第五章第二十条规定:"家用汽车产品自销售者开具购车发票之日起60日内或者行驶里程3 000公里之内(以先到者为准),家用汽车产品出现转向系统失效、制动系统失效、车身开裂或燃油泄漏,消费者选择更换家用汽车产品或退货的,销售者应当负责免费更换或退货"。两位经理按照《汽车三包规定》相关条款处理客户要求,平息换车风波,对车辆生产过程中的瑕疵按照车辆维修保养手册实施赔偿、包修。该4S店感谢李先生理解、配合包修工作的顺利进行,给其造成精神损失做了适当补偿,圆满解决。

(2)消费者对《汽车三包规定》有以下误解。

① 只要汽车在质保期内,车辆出现任何问题均能得到免费包修和更换。

说明:汽车使用说明书有详细注解,车辆在使用过程中,由非人为因素引起的、在生产过程中存在瑕疵引发的故障,须通过3年6万公里包修方案解决。

② 经主机厂授权企业修理,对车辆瑕疵报批获准后均有处置权。

说明:行业规定,车辆的同一故障经过三次修理未能恢复到原来状况,可以由客户选择更换任意有资质授权的维修企业进行修理,期间发生的材料和工时费用均由三次未能修好车辆企业负责。

③ 保修说明:消费者所购汽车产品已被书面告知存在瑕疵的,不实行保修;非产品质量问题,消费者自行处置不当而造成损坏的,不实行保修;汽车易损部件在使用过程中出现磨损,不实行保修。

说明:车辆出现的问题是在汽车生产过程中出现的瑕疵,通过包修、理赔均能恢复到汽车原有的质量。该4S店视情况对保修期内出现瑕疵车辆进行适当补偿以解决客户抱怨,使客户感到温馨从而产生对该4S店的信任,吸引客户再次入店消费,不但自己成为该店的忠诚客户,还不断推荐新客户到店购买新车。

案例 1-7　客户投诉原装导航系统失效

1. 案例概述

某 4S 店接到宝马车主朱先生投诉说,新购的宝马车三个月后导航失效,客户因导航故障入店检修两次均无果。客户坚持要求按照《汽车三包规定》相关条款给予换车。

2. 处理过程

(1) 服务经理约定客户再次入店检查,事前做精心准备,组织企业内维修技术人员查阅维修资料,讨论分析故障,迎接客户到来。

(2) 客户到店后,服务顾问了解了车辆产生故障的时间、地点、气候等要素,陪同客户去故障易发生地域试车。发现车辆行驶在高架桥下时导航故障频繁,连收音机也产生了较强的噪声。在试车过程中,得知车辆贴膜后故障特别多。根据主机厂提示,车辆前挡风玻璃不允许贴膜。

(3) 试完车回店后,服务顾问对客户说明是因为导航信号屏蔽造成了导航故障频发,建议把前挡风玻璃贴膜撕掉后再试车。客户不同意撕掉贴膜,因为前挡风玻璃贴膜花了 2 100 元,贴膜人员说不会影响车辆功能。

按照《汽车三包规定》相关条款,车辆故障一定要查清楚原因后才能处置,按照主机厂提示,车辆在原厂规定测试条件下出现故障才是故障。

(4) 解决问题的业务洽谈焦点集中在贴膜费用上,根据《汽车三包规定》处理,双方签署贴膜引起故障,清除贴膜的书面协议。请原装饰企业撕掉贴膜,彻底解决故障。

3. 案例点评

(1) 服务经理认真向客户解读《汽车三包规定》第十二条(八):"提醒消费者阅读安全注意事项、按产品使用说明书的要求进行使用和维护保养"。汽车维修保养说明书警示前挡风玻璃不要贴膜。建议客户遵照车辆维修保养说明书提示规范使用、保养车辆。

(2) 中华人民共和国交通部令[2005]第 7 号《机动车维修管理规定》第四章第三十条规定:"尚无标准或规范的,可参照机动车生产企业提供的维修手册、使用说明书和有关技术资料进行维修"。

(3) 要以《汽车三包规定》、主机厂车辆使用规定作为统一标准,开展各项工作,做好与客户的沟通工作。作为经销店的代表,任何言行代表企业,代表主机厂的服务,所以应以法律法规、主机厂规定为准绳,站在公正、公平的立场处置。

　思考与分析

1. 李小姐到某 4S 店购置了一辆宝马新车,两天后又将车开到某 4S 店,说发现前挡风玻璃右下角有被石子打击损坏的痕迹,要求换车,该 4S 店销售经理不同意更换。请根据相关法律法规说明该事件的处理方法和理由。

2. 马先生到某4S店购置了一辆凯越新车,付款办完所有手续后,准备开回家,突然发现汽车仪表板上的里程表显示20公里,要求换车,该4S店销售经理不同意换车。请根据相关法律法规说明该事件的处理方法和理由。

3.《家用汽车产品修理、更换、退货责任规定》是一部法律还是法规?认真阅读后阐述三包的主要内容。

4. 保修期与三包有效期有何差异?

5. 从表面上看,汽车召回和"三包"都是为了解决汽车出现的一些质量问题,维护消费者的合法权益,但就问题的性质、法律依据、对象、范围和解决方式上是有区别的,试从问题的性质、法律依据、对象、范围和解决方式上叙述区别。

6. 针对案例1-6回答下列问题。

(1) 客服经理和售后经理为什么要把客户引到客服经理办公室里处理问题?

(2) 客服经理和售后经理采用哪几种形式处理客户的抱怨?

(3) 既然厂方对车辆的受损部分进行了理赔,经销商为什么还要额外对客户进行补偿?

(4) 客服经理和售后经理在处理客户抱怨中使用了哪些厂商的和《汽车三包规定》的政策?

从案例的处理过程中我们得到哪些启示?

模块 2

汽车售后服务案例分析

1. 知识目标
(1) 能描述汽车维修企业售后服务的接待流程；
(2) 能说明《机动车维修管理规定》《汽车三包规定》的主要内容。

2. 能力目标
(1) 能结合汽车服务接待案例查阅汽车法律法规相关条例；
(2) 学会运用法律法规条款正确处理客户对维修服务质量抱怨和投诉的方法。

案例 2-1 客户有意隐藏车辆曾发生事故的过度维权

1. 案例概述

陆先生开着奥迪车到某 4S 店,要求该 4S 店出具数次未修好车辆吃胎和跑偏故障的说明,并要求允许其到其他 4S 店去修理(原因:已入店修理两次未给解决),由该 4S 店承担费用。服务接待请售后经理和客服经理协助解决。

2. 处理过程

(1) 查阅入厂维修的记录,该车两次到店修理,均对该车辆做了四轮定位检查与调整,事后调整定位数据值均在范围内。对车辆检测定位并调整前束位置后试车,正常后将车辆交付客户。

(2) 在售后经理和客服经理监督下,维修技师再对车辆检测四轮定位数据值,并与上次测量数据值进行比较,发现有较大差别。在维修过程中,针对车辆保养、使用习惯等与陆先生进行交流,陆先生表示没有快速通过路坎及猛冲上人行道等致使前桥受力过度的情况。

(3) 两位经理和维修技师仔细检测车辆有关部位(如图 2-1 所示),检查车辆后判定该车前桥几何位置受过外力冲撞,微量变形引起了滚动中轮胎"吃胎",车辆产生向右跑偏的故障。确定故障原因后,建议陆先生更换车辆右悬架。后来通过耐心沟通,了解到陆先生太太曾经在苏州开该车因避让助动车冲上人行道,撞击使右前轮胎爆裂,轮毂变形,当地

图 2-1 分析判断车辆右悬架故障

修理企业对明显损坏的零配件进行了更换,但没有诊断出悬架受大力冲击有微量变形的隐患,保险公司也仅赔付所有修理款。

(4) 找到了故障的真正原因,陆先生同意更换零部件。在陆先生的再三要求下,该4S店给予了9折优惠。

3. 案例点评

(1)《汽车三包规定》第六章第三十条规定:"在家用汽车产品保修期和三包有效期内,存在下列情形之一的,经营者对所涉及产品质量问题,可以不承担本规定所规定的三包责任:使用说明书中明示不得改装、调整、拆卸;消费者自行改装、调整、拆卸而造成损坏,客户没有说出车辆出现故障的真由,以为误导修理厂达到三次未能修复就可以得到赔偿;欺骗经销店诈取维修费用。"

(2) 车辆重复出现的故障现象一定要判明故障的真正原因,才能达到修理治本的效果。保险公司赔付终结本次项目的事故修理费,事后不可能再追加事故修理项目。

(3) 本案例说明事故报料工作的重要性,更换零配件一定要真实,对不被更换零配件考虑到对车辆行驶安全影响持保留追加权,为完全修复车辆打下基础。

(4) 制定修理方案时,要多考虑客户利益。特别是客户自费修理项目,要既能解决车辆故障,又能为客户节约成本。提高客户的满意度,打造品牌。

两位经理用实测前轮定位数据判断右悬架受冲击变形,从而确定故障原因,以理服人,避免了一场修车纠纷,维护了4S店的合法权益。

案例 2-2　投诉车辆百公里燃油超标

1. 案例概述

朱先生电话投诉主机厂的技术服务部,声称他开的车每百公里油耗大于说明书的指导油耗2L多。他自我介绍是位从事汽车教学的老师,对车辆保养很专业,就是搞不懂自己车油耗大于使用说明书油耗的原因,抱怨说明书误导,有意降低百公里油耗值以加大促销力度,或者还有其他什么原因。请主机厂的技术服务部给个说法。否则,要在媒体上曝光"过度宣传100公里油耗量"。

2. 处理过程

某4S店的客服经理接到主机厂的技术服务部转来的投诉,与朱先生约定,周三下午朱先生开车到4S店检测。客服经理仔细倾听了朱先生的用车和保养习惯,称赞朱先生是汽车行业资深教师。客服经理自我介绍是汽车维修高级技师,兼任汽车行故障诊断专家,处理汽车事故纠纷时一定会站在公正、公平的立场上。既然是汽车同行,沟通便利,共同语言就多。经深入沟通,了解到:

(1) 朱先生是某事业单位的一位资深汽车实训老教师,以CA10解放型汽车的技术见长,电喷发动机技术接触不多;

(2) 朱先生的加油习惯、日行驶里程、驾车习性、停车环境等状况。朱先生家离单位较近,办事有公车,自家车用得少。出于职业习惯每周会启动发动机原地热车15~20分钟,日常用车频率低,加满一箱油要用 4~6 个月。

虽然客服经理为朱先生进行了详细的讲解,但朱先生仍有疑惑,坚持自己的观点。为此,客服经理陪同他试车行驶 100 多公里,实际油耗为 7.2L/100km,这才相信了客服经理讲述的道理。客服经理又热心地对朱先生讲述了电控汽车的日常保养和使用要求,最终客服经理与朱先生成为一对好朋友。

3. 案例点评

《汽车三包规定》第二章第十条规定:"产品使用说明书应当符合消费品使用说明等国家标准规定的要求。家用汽车产品所具有的使用性能、安全性能在相关标准中没有规定的,其性能指标、工作条件、工作环境等要求应当在产品使用说明书中明示。"

客户投诉油耗大,根据"消费者权益保护法"规定的谁销售,谁负责,谁修理的原则,将心比心,站在客户的角度替客户着想,既保护了客户的利益,又能扩大企业的客户群,还维护了 4S 店和主机厂的利益。

案例 2-3　投诉车辆不能启动

1. 案例概述

某事业单位的赵科长几天前在某 4S 店保养一辆作为企业抢修应急的车,特别要求 4S 店服务接待要检查电瓶。交车三天后,车却发生了车辆执行任务时无法启动的问题,延误了执行任务,造成了很坏的影响。赵先生要售后经理对该事件给个交代。

2. 处理过程

(1) 售后经理查阅了该车入厂保养记录,里程表反映车辆在两年多时间里行驶了近 2 万公里,均在 4S 店做保养。本次保养记录了车主特别要求检查电瓶(主机厂提示,电瓶每两年要进行检查或更换),如果不行就更换的委托记录。

(2) 维修工人检查电瓶时,仅看了一下电瓶上的两个极桩线,就作出电瓶正常无故障的结论。此次 4S 店负责人带领维修工人亲自检查车辆,分析判断故障原因,如图 2-2 所示。

图 2-2　4S 店负责人亲自检查车辆

(3) 售后经理调查后与赵科长通了电话,本次事故是4S店的修理责任事故,告知他4S店将立即上门抢修并致歉;由于4S店维修工人误判电瓶正常,导致车辆执行任务时无法启动,延误了执行任务的事故,再三表示真诚歉意;愿上门免费更换电瓶、免救援服务费,以表示诚意。对该事业单位的后勤服务来说,首要的是车辆在紧急关头要及时拉得出,开得动,保证应急用车。

4S店上门致歉的行为挽回了企业服务不良的影响,赵科长对4S店上门认错及快速应急的能力大加赞赏。赵科长主动提出将车队所有业务承包给该4S店,4S店则承诺实施24小时全方位抢修,市内1小时到现场,郊区一个半小时到场救援。双方在诚信协商下达成协议,从而既平息了投诉,又签署了车队车辆保障业务。

3. 案例点评

《汽车三包规定》第五章第十八条规定:"在家用汽车产品包修期内,家用汽车产品出现产品质量问题,消费者凭三包凭证由修理者免费修理(包括工时费和材料费)。"

中华人民共和国交通部令[2005]第7号《机动车维修管理规定》第四章第三十七条规定:"机动车维修实行竣工出厂质量保证期制度。""一级维护、小修及专项修理质量保证期为车辆行驶2 000公里或者10日。"

两位经理亲自上门处理有责事故的投诉、急修,表现出承修企业诚信服务理念,使得托修单位放心把车队保障任务承包给该4S店,双方均获利。

案例 2-4 帕萨特车在高架上自燃的投诉

1. 案例概述

一辆老帕萨特车在修理厂更换了点火模块。三天后,该车在高架道路行驶时冲了几次,发动机突然起火,驾驶员用随车灭火器灭火,加上路过的驾驶员帮助奋力扑救才没有酿成车辆更大的损失。事故车被拖进原托修厂进行故障定损。根据保险公司的定损员估算,本次故障造成近2万元车损。托修方投诉承修方由于修理不彻底造成车辆自燃事故。为此,托修方、承修方为修理费持不同的意见。

2. 处理过程

(1) 保险公司请驾驶员做了笔录:事故发生瞬间车辆冲了几次,发动机室就冒出火。而后驾驶员进行自救,路过的驾驶员也拿灭火器协助扑救才把火灭了。然后报警,救援车拖进原承修厂。

(2) 车辆曾在三天前到该厂报修发动机缺缸故障,承修方在修理时更换了四缸点火模块和三、四缸火花塞。交车后,车辆在行驶中还时常有缺火现象。驾驶员曾在承修厂的电话回访中反映此现象。

(3) 经专家、保险公司、修理厂三方人员根据驾驶员描述状况和当场联合勘察,分析确定该车起火燃烧的原因是固定回油管支架磨破胶质回油管,汽油渗漏导致了发动机自燃。该事故属于修理事故,由承修方负责车辆修理费用。

3. 案例点评

驾驶员出示三天前修理工单和修理后故障未得到根除的电话回访记录,为责任划定提供了证据。

根据上海市汽车维修管理处颁发的《上海市机动车维修行业维修竣工质量保证期的规定》,汽车各维修项目的竣工质量保证期为:车辆小修 7 天或行驶里程 700 公里;总成修理 60 天或 6 000 公里;一级维护带小修、专项修理 10 天或 2 000 公里;二级维护 30 天或 5 000 公里;总成大修 100 天或 20 000 公里;整车大修 100 天或 20 000 公里。

出现类似故障造成损失的由承修方负责。判定承修方承担有责修理。

中华人民共和国交通部令[2007]第 7 号《机动车维修管理规定》第三十八条规定:"在质量保证期和承诺的质量保证期内,因维修质量原因造成机动车无法正常使用,且承修方在 3 日内不能或者无法提供因非维修原因而造成机动车无法使用的相关证据的,机动车维修经营者应当及时无偿返修,不得故意拖延或者无理拒绝。承修方承担全部事故车修理费用。"

案例 2-5　投诉卡罗拉车仪表台异响

1. 案例概述

葛先生开着使用不到一年的蓝色卡罗拉车,该车一直存在仪表台右边有异响声的问题,已在丰田 4S 店报修了三次。每次到 4S 店,检验员陪同他一起试车,车辆就没有异响声,离店后又响了,葛先生感觉纳闷。他把该车现象向丰田公司反映,要求丰田公司督促 4S 店派出技术高的技师解决车辆异响问题。

2. 处理过程

(1) 丰田公司把葛先生的抱怨投诉书转到该丰田 4S 店,要求客服经理监督处理。客服经理约定葛先生在车辆发生响声概率较大时到店来检查。葛先生也认为只有能听到响声才能判断、排除故障,同意当现象出现时主动联系经销店。主机厂规定,从主机厂转发下来的客户投诉,各经销商的总经理和客服经理必须要亲自督办处理。

(2) 12 月某天,葛先生告知客服经理要去经销店做车辆保养,顺便检查车辆异响的老问题。到店后,客服经理接待葛先生,在车辆进车间保养期间,客服经理请葛先生描述车辆响声状况发生的时间、行驶道路、乘载情况,着重询问了发生响声概率最高是在什么时间段或车辆有什么异常状况,并做了故障成因分析。

(3) 维修技师对车辆仪表台各连接部位进行检查、紧固,然后与葛先生一起试车,在随车行驶一段路程后发现响声出自手套箱内,打开一看是杂物箱内的液体蜡罐滚动产生的碰撞声,拿出液体蜡罐后再反复试车均没有响声,葛先生对维修态度十分赞赏。

3. 案例点评

中华人民共和国交通部令[2005]第 7 号《机动车维修管理规定》第四章第三十条规定:"机动车维修经营者应当按照国家、行业或者地方的维修标准和规范进行维修。尚无标准或规范的,可参照机动车生产企业提供的维修手册、使用说明书和有关技术资料进行维修。"

经销店必须依照法律法规和主机厂包修规定,为客户处置用车困惑和质量抱怨,尽量避免客户投诉到主机厂,树立经销店全心全意为客户服务的精神和工作态度。

案例 2-6 投诉右前轮轮胎螺栓断裂

1. 案例概述

某汽车 4S 店的维修工人在为客户做轮胎换位时,发生了右前轮 4 个轮胎螺栓断了两个的问题,客户拒付零件费用,还要追究维修工人因误操作而造成的时间和精神损失赔偿。

2. 处理过程

车辆入厂做 20 000 公里保养,按照主机厂规定的 20 000 公里保养要求做四轮换位作业项目,服务顾问对维修工人下达了作业项目,维修工人拆右前轮 4 个轮胎螺栓时拧断了两个,维修工人向服务顾问报告,根据经验判断造成该故障的原因是客户以前更换轮胎时紧固螺栓用力过度,使螺栓被拉伸变形,从而造成本次拧松轮胎螺栓时断裂。建议更换全部 4 个轮胎螺栓。但客户利用汽车三包规定维权说:"入厂时轮胎螺栓全部是好的,员工拆卸弄坏螺栓还要我买单,我要追究责任。"

服务接待向客户说明螺栓折断的原因,如图 2-3 所示,该车轮胎螺栓是用 A3 钢制造的,轮胎螺栓扭矩为 120N·m,超出扭矩使得轮胎螺栓拉伸变形,拧松时金属就会疲劳折断,所以建议从行车安全考虑更换全部 4 个轮胎螺栓。客户接受了建议,更换了全部 4 个轮胎螺栓。

图 2-3 服务接待向客户说明螺栓折断的原因

3. 案例点评

按照《汽车三包规定》第三章第十二条(八):"提醒消费者阅读安全注意事项,并按产品使用说明书的要求进行使用和维护保养"。服务顾问提示客户增强轮胎知识。使顾客消除抱怨,稳固了客源。

案例 2-7　投诉车辆右前翼子板被擅自做油漆

1. 案例概述

6月中旬某天上午,林小姐的老公汪先生把车送到上海某4S店做5 000公里新车保养。11点多,林小姐到4S店提车时发现车辆右翼子板补过油漆,说:"车送到店内保养时好好的,提车时怎么右边翼子板被做过了油漆呢!这种车我不要了,投诉。"林小姐要经销店给个正确答案,否则到法院去说话,让这种不诚信企业要受到法律制裁。售后经理出面解决此事。

2. 处理过程

(1) 林小姐提车时发现右边前翼子板和保险杠均做过油漆,但查阅环车检查表均没有记录。

(2) 售后经理请林小姐电话询问她老公是否知道这个情况,公司绝不会做出这种不道德的事。喷涂作业是一套有严格时间控制的工艺,先拆卸、整形、打磨、做底漆,再做面漆,最后再做面漆、再装配、清洗等,做一个面至少要花上3～4小时才能完工。从做过油漆的粗糙工艺判定绝不是4S店做的。

(3) 林小姐的老公回电说他也不知道右边做过涂装,为了确保发现问题的时效性,请林小姐在施工单上写明发现的问题和时间,并签名,等汪先生到店再接车。

(4) 下午3时,汪先生和林小姐共同对车辆验收感觉纳闷,均没有想起这个部位是在什么时间修复的事,售后经理提示是否将车借给他人使用过。经汪先生核实,小姨曾在倒车时右边蹭过行道树,后来在路边摊补过漆。汪先生和林小姐对没有说明情况事实,冤枉了该4S店表示道歉。

3. 案例点评

(1) 加强车辆入店时的检查,做好详细记录,在有限的环车检查表中把车辆现状描述清晰,防止发生意外事情。

(2) 严格按照作业规范工作,严格执行维修企业法律法规和企业规章制度,做到诚信、守信。

(3) 沪交法[2007]第7号(试行)《上海市城市交通行业诚信体系管理规定》第十二条(奖惩措施)规定:"各部门应当针对不同诚信等级制定相应的奖惩措施,根据法规赋予的自由裁量权,在资源分配、执法检查、处罚额度、业务办理通道、从业人员考试及评奖评优等方面有所区别,鼓励企业不断提高诚信等级。对于被评为AAA及AA级的企业,市交通局应当授予荣誉标志。"

案例 2-8　投诉擅自补轮胎

1. 案例概述

邵先生开着花冠车到丰田某4S店做3.5万公里保养,作业过程中服务接待人员对邵先生说左前轮被钉子扎破了,询问是否要补。邵先生要求服务接待人员陪同他一起看现场,此时维修技师已完成修补作业,正准备去做轮胎动平衡项目。邵先生认为这件事有欺诈,该车行驶的道路都是高架路,不可能被钉子扎破的,认定4S店想调包造假,要不等车主到现场就拆轮胎!

邵先生到丰田4S店客服经理处投诉该经销店没有经过他同意擅自为他修补轮胎。

2. 处理过程

(1) 售后经理询问维修技师不等客户到现场就拆轮胎的原因。维修技师回答是因为补轮胎是免费的,在通知前台的同时就拆下补胎,可以提高工作效率。售后经理明确告知该维修技师这种行为属于擅自增加作业项目,是违章的,重申公司员工手册内容:任何作业项目均要得到客户签字确认才能作业。

(2) 售后经理向客户致歉,征求邵先生对该事的处理意见。售后经理向邵先生解释:企业是正规的,企业服务是公开、公平的,4S店不会做虚假的事,员工只是为了提前完成作业,绝不会存在偷换轮胎换取利益的事。维修技师当面向邵先生赔礼道歉,说明只是想提早或准时交车,多做车多拿绩效。企业对他今天擅自作业的事件做出处罚。邵先生根据当时的情景原谅了该维修技师。

3. 案例点评

(1) 中华人民共和国交通部令[2005]第7号《机动车维修管理规定》第四章第四十一条规定:"机动车维修质量纠纷双方当事人均有保护当事车辆原始状态的义务。必要时可拆检车辆有关部位,但双方当事人应同时在场,共同认可拆检情况。"

员工在未接到客户签字前提下擅自作业造成客户投诉,应负全部责任。该行为违反企业规章制度,损害公司信誉,影响工作。该员工好心办坏事,扣除当月绩效20%。

(2) 该案例告诫企业每位员工,严格遵守企业的规章制度才会赢得更多成功机会,绝不能钻空子而损害企业利益。

案例 2-9 投诉保养车缺失物品

1. 案例概述

某大众斯柯达车主陈先生投诉大众某4S店。3个月前,他到4S店做车辆5 000km保养后,发现已开封的一条红双喜香烟少两包,还以为自己超出抽烟计划。这次车辆保养,他把数好的还有8包烟的一条香烟放在杂物箱内,提车时发现又少了两包,要4S店领导给一个说法。

2. 处理过程

(1) 售后经理面向客户致歉,出现这种状况责任在于公司没有教育好员工。公司为了表示歉意用数倍钱先补偿车主损失,感谢车主对企业的支持和关心。

(2) 事后,根据陈先生提供线索,售后经理调查核实情况,清退了新入职的洗车工,纯洁了员工队伍,提高了服务质量。

3. 案例点评

《上海市交通行业诚信体系管理规定》规定:"机动车维修企业应当建立质量信誉档

案,并及时将相关内容和材料记入质量信誉档案。其中投诉情况包括每次投诉的投诉人、投诉内容、受理部门、投诉方式、曝光媒体名称、社会影响及处理等情况。"

经销店出现失窃的现象严重影响了经销店的诚信企业评定,售后经理正视问题的严重性,妥善处理,补偿了客户损失,挽回了客户对该4S店的信任。

案例 2-10 客户抱怨车辆更换刹车片后产生刹车异响

1. 案例概述

客服经理下午接到计先生从外地打来的长途投诉电话。计先生说:"车辆在某4S店做完车辆保养和更换刹车片后,开到南昌市附近发觉左轮行驶中有异响。"客服经理对计先生说:"不好意思,给您带来不便,请见谅!请立即停车。如果方便,把左后轮顶起离地滚动一下,如车轮有响声,就不要动车,20分钟后我给您处理意见。"

2. 处理过程

(1) 客服经理查阅了当日的施工单,计先生车做保养、更换刹车片后连午饭也没吃就赶往南昌市。估计左后轮发生异响是安装换刹车片不到位引起的,所以立即联系当地另一家4S店,请其代为应急处理。能现场修理就现场修理,如处理时间长,就请为计先生准备替代车,待处理完成后再换回车,所有发生的费用与我店结算。联系落实15分钟后,打电话通知计先生处理方案。

(2) 当地4S店于20分钟后赶到出险地点,对计先生说明,受上海某4S店委托赶来处理车辆故障。检查车辆后说:"如果您有急事,可以先开抢修车去办事;如果愿意等候,最多20分钟可以修复,由您选择处理方案。"计先生选择了当即修理。

(3) 当地4S店把处理车辆的情况与客服经理沟通。客服经理再打电话给计先生,询问当地4S店处理是否达到他的要求。希望他给个机会能当面致歉。承诺对他造成精神和时间上的损失会给一定的补偿。从而平息了一场有责事故的投诉。

3. 案例点评

车辆在异地发生故障报修时,需通过主机厂连锁网点迅速处理。根据《机动车维修管理规定》第三十七条规定:"汽车和危险货物运输车辆整车修理和总成车辆保证期为车辆行驶20 000公里或者100日;二级维护质量保证期为车辆行驶5 000公里或者30日;一级维护、小修及专项修理质量保证期为车辆行驶2 000公里或者10日。"

《汽车三包规定》第四章第十六条规定:"在家用汽车产品包修期和三包有效期内,家用汽车产品出现产品质量问题或严重安全性能故障而不能安全行驶或者无法行驶的,应当提供电话咨询修理服务;电话咨询服务无法解决的,应当开展现场修理服务,并承担合理的车辆拖运费。"

客服经理的处理方法体现了经销店对客户车辆的维修质量负责。快速、便捷、贴心的服务加深了客户品牌服务体验。补偿了给客户造成精神和时间上损失的期望值,维护了诚信企业的荣誉称号。

案例 2-11　投诉柯斯达车身抖动

1. 案件概述

丰田柯斯达的驾驶员蔡先生感到车辆在行驶时车身会抖动,进入修理厂修理两次未能解决问题,质问售后经理,为什么车都能造,抖动故障却解决不了,再修不好就告到"消协"。

2. 处理过程

(1) 售后经理亲自接待蔡先生,说:"这个故障症状没有遇到过,我们正在讨论、研究处理方案,也正在等待丰田技术组救助修理指导回复方案"。

(2) 售后经理了解到该车主曾去过多家丰田店都未得到解决,这次到该店寄予了很高期望,由于两次修复未果,所以失望随之增加。在无测量设备和配件试换情况下,维修技师猜疑传动轴失衡引起故障。

(3) 在未收到主机厂技术组援救信息回复的情况下,售后经理组织骨干维修技师检查分析故障,最终确定是传动轴失衡造成车身抖动故障。服务接待向客户耐心讲解故障原因,如图 2-4 所示。征得客户同意后更换传动轴,圆满解决困扰已久的修理难点。

图 2-4　服务接待向客户耐心讲解故障原因

3. 案例点评

根据《汽车三包规定》第四章第十四条规定:"修理者应当保持修理所需要的零部件的合理储备,确保修理工作的正常进行,避免因缺少零部件而延误修理时间。"《汽车三包规定》促使经销店快速处理疑难杂症的决心和行动。

 案例 2-12　投诉行李箱盖油漆有色差

1. 案例概述

比亚迪车主许先生投诉某 4S 店,做完半喷涂作业两个月后,行李箱盖竖面与平面油漆有明显色差。要求接待他的服务顾问在 3 个工作日内给予回复。

2. 处理过程

售后经理查阅该车施工单,查到两个月前许先生到店,车行李箱盖竖面被人恶意划伤漆面,要求自费做半喷作业。服务顾问建议行李箱盖全喷才能更好地保证质量,许先生只愿承担半喷费用。调漆员按照车架色号结合现车颜色调制油漆完成喷涂,两个月后新涂层油漆逐渐老化,颜色变深,与原平面的油漆产生差异。出现色差属质量事故,所以对该车涂漆,并进行返修。

3. 案例点评

根据《大客车车身修理技术条件 GB/T 5336—2005》4.4.3 规定:"油漆涂层外观色泽均匀,表面漆膜附着牢固,漆面和漆层无流痕、脱皮、裂纹、起泡、皱纹和漏漆等现象,漆面涂层符合 QC/T 484 有关规定。"

《汽车三包规定》第五章第十八条规定:"在家用汽车产品包修期内,家用汽车产品出现产品质量问题,消费者凭三包凭证由修理者免费修理(包括工时费和材料费)。车辆半喷与原车漆出现颜色差属质量事故,企业必须兑现涂漆质量保证期内返修承诺(企业涂装质量保证期 90 天)。"

案例 2-13　投诉倒车雷达失准

1. 案例概述

祝先生的奔驰车被追尾后,保险杠变形受损,保险公司定损结论:后保险杠整形,更换倒车雷达和驻车雷达各一个。由于修复后倒车雷达不准,误报距离,祝先生投诉该 4S 店修理质量不达标。

2. 处理过程

祝先生的奔驰车出险后,直接被拉到经销店,保险公司定损员随后就到,维修技师通过拆检上报保险公司损坏情况,但保险公司定损员只同意更换倒车雷达和驻车雷达各一个,当时维修技师提出另一个倒车雷达接头断了会影响倒车准确性,但保险公司还坚持以修为主。装车后出现了祝先生投诉的状况。

经销店通过试车证明另一个倒车断接头的倒车雷达影响了使用性能,通过向保险公司追加倒雷达更换费用,维护了消费者的利益。

3. 案例点评

经销店按《机动车维修管理规定》第三十八条规定:"在质量保证期和承诺质量保证期内,因修理质量原因造成机动车无法正常使用,且承修方在 3 日内存留或者无法提供因非维修原因而造成机动车无法使用的相关证据的,机动车维修经营者应当及时无偿返修,不得故意拖延或者无理拒绝。"经销店及时向保险公司追加倒车雷达费用,解决了倒车不准的故障,维护了信誉和车主的利益。

案例 2-14 投诉新换轮胎漏气

1. 案例概述

8月某天14：00，某4S店，本田雅阁车主陈先生在前台要求免费更换新右前轮，原因是刚换完一对本田雅阁车前胎离店，车行驶到新闸路匝道下右前轮就没有气了，打了抢修电话把车牵引到店里。程先生情绪激动地讲："刚新换胎就出现漏气，轮胎是伪劣货！还有谁敢信4S店卖的零配件是正宗的？"

2. 处理过程

售后经理邀客服经理一同处理，两位经理陪同客户一起检查右前轮，看见新换胎冠上扎进一枚钉子引起漏气，属受外力损伤。客户认为这是不可能的，反复强调行所行驶路况好，不会有钉子扎入，坚持要求经销店免费换新胎。经销店出示轮胎进出货凭证、随访经销店生产流程及严格的管理制度，最后陈先生才认可轮胎受外力意外受损的处理方案。

3. 案例点评

《机动车维修管理规定》第四章第三十一条规定："机动车维修经营者不得使用假冒伪劣配件维修机动车。机动车维修经营者应当建立采购配件登记制度，记录购买日期、供应商名称、地址、产品名称及规格型号等，并查验产品合格证等相关证明。"

交公路发［2006］第719号《机动车维修企业质量信誉考核办法（试行）》第一章明确指出：质量信誉考核是指在考核周期内对机动维修企业的从业人员素质、安全生产、维修质量、服务质量、环境保护、遵章守纪和企业管理等方面进行综合评价。经销店出示轮胎供应商的资质和进货凭证，针对墙上挂着的AA级诚信服务企业铜牌，向客户说明经销店绝不会为一只轮胎而放弃AA诚信企业荣誉称号。在事实面前客户接受了经销店的处理意见，如图2-5所示。

图 2-5　客户的需求是企业的追求

案例 2-15　投诉车辆没有清洗干净

1. 案例概述

8月上旬,某4S店的服务接待接到杜女士的投诉电话:"什么洗车的,明白说保养不洗车也就算了,要洗就要洗干净。刚才下那阵雷雨时我用雨刷一刷,结果前方什么也看不见,差点撞车,找你们领导投诉。"服务接待一听到客户的激烈话语,就把客户电话转给了售后经理。

2. 处理过程

售后经理联系了杜女士,对她反映车辆没有清洗干净之事表示歉意和感谢,请杜女士给他一个当面致歉、整改的机会,并在接待区域迎候杜女士。经检查,洗车质量问题出在最后擦车环节(未擦净残留在雨刷片上的污迹),车辆最终检验只是走形式。当即做出整改意见,按照JT/T 509—2004要求给客户车辆全面清洗,平息了这场风波。

3. 案例点评

售后经理参照《机动车维修管理规定》第四十三条的质量管理要求和《轿车车身维护技术要求 JT/T509—2004 3.1.7》,清洗全车,擦干车身水分,擦干漆面、玻璃、门内边框、保险杠等,除去缝隙和接口处水分,做到全车无水迹,玻璃无污迹。客户接受了售后经理道歉,4S店消除了因洗车质量造成客户投诉的不良影响。

案例 2-16　左后裙边油漆起壳的投诉

1. 案例概述

姚总开车到某4S店,对服务接待说,找售后经理要投诉,油漆刚做好两个月,但左后门框踏板油漆起开裂、脱皮,要求给个说法。

2. 处理过程

售后经理边安抚边陪同姚总检查车辆,承诺油漆涂层喷涂质量一定会符合QC/T484的有关规定执行。他们顺着左后门框整块涂层开裂、起壳检查,发现裙边有受外力撞击变形引起门框涂漆开裂、壳起,这不属于涂漆质量事故。

3. 案例点评

参照《汽车三包规定》第五条:"家用汽车产品消费者、经营者行使权利、履行义务或承担责任,应当遵循诚实信用原则,不得恶意欺诈。"在事实面前,姚总承认不知情,对经销店表示歉意。经销店理解姚总当时的心情,提出处理方案,增进了双方的信任度。

案例 2-17　投诉服务接待过度使用发动机养护用品

1. 案例概述

某4S店的售后经理接到服务顾问的求助电话,一名速腾车驾驶员在做完发动机清洗项目后不肯"买单"。车主对售后经理说:"这辆车一共行驶近15 000km,在你店里做了三次保养,第二次付了1 200元,这次保养要付3 000多元是什么意思?抢钱啊!不付!"

2. 处理过程

(1) 售后经理查看由驾驶员签名的施工单,施工单上写明车主同意做节气门清洗、燃油清洗、润滑系统清洗、空调系统杀毒、发动机清洗、电器系统清洗等项目,清洗项目加保养项目收费明细共3 000多元。实际作业时间也有两个半小时,施工单各项目栏内均有技师、检验员签名,确认符合经销店规章、流程、制度。结算时车主不愿付费,认为事前只知道做车辆基本保养项目,现在擅自增加做汽车养护用品项目,超出预算,客户只肯支付规定保养项目费用。

(2) 所有汽车养护用品项目已经在车辆上添加完毕,不可能再回收,只能与车主协商处理,经过服务接待当面解释、承认未解说透彻,愿承担一部分汽车养护用品的费用,车主才认可余下费用,投诉得以解决。

3. 案例点评

《机动车维修管理规定》第四章第三十条规定:"机动车维修经营者应当按照国家、行业或者地方的维修标准和规范进行维修,尚无标准规范,可参照机动车生产企业提供的维修手册、使用说明书和有关技术资料进行维修。"

维修企业不得肆意向客户强行推荐汽车养护用品,在客户知晓养护用品功用并自愿使用的前提下,同意承担费用方可操作,要促使服务顾问提高服务接待诚信度。

案例2-18 锐志车时规齿轮盖渗油投诉

1. 案例概述

陆先生指着锐志车发动机的时规盖渗油处,要求丰田某4S店的售后服务经理解决该问题,说已在网上召集渗油的锐志车车主成立了维权群网。如果你不想把事情搞大,希望快速给我们回应。否则会在媒体曝光,相信"消协"也会支持车主维权的。

2. 处理过程

(1) 售后经理感受到陆先生的社会活动能力,把丰田内部技术通知《关于锐志、皇冠时规齿轮盖渗油通告》与陆先生一起分享,告知丰田公司正在紧急处理,暂没有官方回应。经销店会把客户诉求向丰田公司如实反馈,催促丰田公司尽早解决。

(2) 在没有接到主机厂官方回复前,请陆先生在网上转告车主:经常检查发动机机油油位,若机油缺少,随时到经销店里免费添加;若机油警告灯闪亮,立即停车拨打经销店抢修电话,经销店会24小时为用户真诚服务。经销店也会用短信通知到每位车主。

(3) 经销店主动利用网络经常向锐志车车主转告主机厂处理时规齿轮盖渗油的进展情况。

(4) 丰田公司发布召回通知,经销店第一时间发出信函通知车主;即日起6个月时间段内任何时间均可到店处理;建议客户预约、错峰入店处理;告知车主修复后的发动机延长修理部位保修期两年。

3. 案例点评

《汽车三包规定》第四条规定："本规定所称三包责任由销售者依法承担。销售者依照规定承担三包责任后，属于生产者的责任或者属于其他经营者的责任的，销售者有权向生产者、其他经营者追偿。家用汽车产品经营者之间可以订立合同约定三包责任的承担，但不得侵害消费者的合法权益，不得免除本规定所规定的三包责任和质量义务。"经销店用《汽车三包规定》相关条款向锐志车车主报告主机厂处理的进展情况，站在公正的立场既维护了受害者利益又维护了主机厂的权益（个别消费者维权过度）。

案例 2-19 投诉 CD 机未在承诺时间安装

1. 案例概述

徐老师投诉刚买半年的某品牌汽车的 CD 机出现信号接收差的故障。经检查，确定属 CD 机故障，约定送厂修理两周时间可交付。服务接待告知，如提前修复，会电话通知徐老师。两周时间过后，车主主动打电话来询问说："修复的 CD 机有没有到？"服务接待说："到了后会通知的。"车主问："具体什么时间能到？"服务接待回答："不知道！"徐老师被不负责任的答复激怒了，投诉到售后经理处。

2. 处理过程

（1）售后经理调查了当时接待徐老师的服务接待及接听电话的服务顾问，服务接待爽约，到时未回复徐老师，服务顾问认为不是我的客户，不负责任就不回复，索赔专员未公示 CD 机到店时间信息。这反映了企业中存在着服务接待"各扫门前雪"的现状，没有团队精神。

（2）索赔专员追查知晓 CD 明天上午到店。售后经理立即通知徐老师明天下午可到店安装 CD 机，如果徐老师时间不方便，由徐老师决定时间到店作业，甚至非工作时间段也可。消除了不良影响，使徐老师感到温馨。

3. 案例点评

交公路发[2006]第 719 号《机动车维修企业质量信誉考核办法（试行）》第二条规定："凡在中华人民共和国境内已获取经营许可的机动车维修企业，均应遵守本办法。本办法所称的质量信誉考核，是指在考核周期内对机动车维修企业的从业人员素质、安全生产、维修质量、服务质量、环境保护、遵章守纪和企业管理等方面进行的综合评价。"

案例 2-20 发动机抱缸律师函

1. 案例概述

丰田某 4S 店收到律师函：丰田佳美车在此次保养之前已行驶 13 万公里，并且一直正常行驶，从无异常现象，但仅在到贵店修理空调 4 天后，即发生发动机故障，客户有合理理由认为,贵店在为华联公司进行车辆保养的过程中存在不当,导致了这次故障,本律师受华联公司委托,特向贵店致函,万望贵店以商誉为重,在收函后3日内与何经理或本律师联系,将上述车辆更换发动机,并将车辆修复完好后交付于华联公司,并承担相关费用,若到期仍无回音,本律师不得不通过法律手段解决纠纷。到时,包括诉讼费、律师费、利息等一切损失将由贵店承担。以上声明,请贵店认真对待,勿使双方均不愿看到的情况发生。

2. 处理过程

(1) 收到律师函前,丰田某4S店受驾驶员委托当面拆检事故车,结果是因发动机断油抱轴,建议发动机大修。在备注栏记录着驾驶员陈述:老板开车离家约2公里车程时,机油警告灯闪烁,老板认为仪表误报就继续行驶到家,次日无法启动,叫我去接他,顺便检查车辆是什么原因造成不能发动。

(2) 查阅该车入厂维护履历,发现此车保养不正常:有时保养间隔时间很长,有时超出保养间隔里程数很多,最长一次保养间隔里程达2万公里,有9个月未入厂保养记录,说明驾驶员保养意识淡薄、对车辆保养工作不重视。4天前的空调修理与发动机缺油抱缸无关。

(3) 综合上述调查汇总回律师函:收到函后请经理和律师5个工作日之内到经销店来洽谈车辆修复业务。通过数次信函往复,客户同意经销店以无责工时费9折优惠给车主做了发动机大修业务。

3. 案例点评

《机动维修管理规定》第四章第四十一条规定:"机动车维修质量纠纷双方当事人均有保护当事车辆原始状态的义务。必要时可拆检车辆有关部位,但双方当事人应同时在场,共同认可拆检情况。"

第四十二条规定:"对机动车维修质量的责任认定需要进行技术分析和鉴定,且承修方和托修方共同要求道路运输管理机构出面协调的,道路运输管理机构应当组织专家组或委托具有法定检测资格的检测机构作出技术分析和鉴定。鉴定费用由责任方承担。"承修方受托修方委托在驾驶员监督下拆检发动机,作出发动机大修维修方案,事实与驾驶员陈述发生故障情景相符合,期间托修方也咨询汽车专业人士,曲轴抱轴原因是缺少润滑油,此发动机事故是人为损坏引起,车主负全部责任。

案例 2-21 拒付第二次保养费用

1. 案例概述

陈先生的皇冠车在丰田某4S店做1万公里保养。他在提车时不肯"买单",理由是丰田车保养说好是免费的,怎么突然要收钱?与前台服务顾问打起了"口舌战"。

2. 处理过程

售后经理询问陈先生:"为什么车辆保养完成不愿买单?是质量不满意还是其他原因?"陈先生说:"在购买丰田凌志200系列时,说好车辆保养全部是免费的,皇冠车为什么从第二次保养开始就要收钱？"

售后经理请客户把车辆保养手册拿出来，逐一解读（如图 2-6 所示）。一汽丰田所售车辆首次保养是免费的，第二次只享受免工时费车辆保养，其余保养均是有偿保养。购置一汽丰田汽车就得按照汽车维修保养手册规定条款执行。

图 2-6　售后经理向客户解读车辆保养手册

3. 案例点评

按照《汽车三包规定》第三章："（四）明示应交付产品使用说明书、三包凭证、维修保养手册等随车文件；（八）提醒消费者应阅读安全注意事项、按产品使用说明书的要求进行使用和维护保养。"

《机动车维修管理规定》第三十条规定："机动车维修经营者应当按照国家、行业或者地方的维修标准和规范进行维修。尚无标准或规范的，可参照机动车生产企业提供的维修手册、使用说明书和有关技术资料进行维修。"

经销店有义务向消费者详细解读汽车维修保养说明书条款，车主有义务在新车使用前仔细阅读汽车维修保养手册，按照手册各条款执行。

案例 2-22　投诉刹车片价格贵

1. 案例概述

钟先生开着某款面包车到经销店做 45 000 公里车辆保养，维修技师检查前刹车片，发现快磨损到极限，建议更换。服务接待询问在客户休息室玩游戏的钟先生是否更换，钟先生说："换！"并施工单上签字，车辆在预定时间交车。结算时，钟先生对换前刹车片的价格高而拒付，要领导出面解决。

2. 处理过程

（1）服务经理查看施工单，施工单有增加更换刹车片项目，确认材料费、工时费、延迟交车时间的客户签名,符合经销店手续。

(2)服务经理指着客户签名处说,服务接待在征求增加更换刹车片项目、材料价格、工时费、延迟交车时间,钟先生都在施工单上签名确认,没有理由拒付。钟先生说,不知道换副刹车片比外面贵三分之一,知道就拆掉不换了。售后经理耐心向钟先生解说 AA 诚信企业服务规范和使用纯正零件品质,最后客户全额付款。

3. 案例点评

《机动车维修管理规定》第二十九条规定:"机动车维修连锁经营企业总部应当按照统一采购、统一配送、统一标识、统一经营方针、统一服务规范和价格的要求,建立连锁经营的作业标准和管理手册,加强对连锁经营服务网点经营行为的监管和约束,杜绝不规范的商业行为。"4S 经销店销售刹车片是全国统一价格。

《机动车维修管理规定》第二十七条规定:"机动车维修经营者应当使用规定的结算票据,并向托修方交付维修结算清单。维修结算清单中,工时费与材料费应分项计算。维修结算清单格式和内容由省级道路运输管理机构制定。机动车维修经营者不出具规定的结算票据和结算清单的,托修方有权拒绝支付费用。"解读规定后客户接受按照条款结清经销店销售刹车片及工时费。

汽车维修企业对维修项目、配件价格一定要向客户讲清,在征得客户同意后才能施工。

案例 2-23　投诉空调异味

1. 案例概述

周先生开着马自达车到某 4S 店投诉,该车车内空调有异味,所以在两周前到该店做了空调系统杀菌除臭项目,两周后异味又重现。周先生认为经销店打电话回访只是作秀走形式。

2. 处理过程

(1)周先生的马自达车已用了两年多,每次的空调服务月活动都参加,但只是到场检查拿了礼品就走人,从不按照维修建议对空调系统进行定期维护,及清理残留在车厢内的杂物。车内有异味时用香水中和一下,时间久了车内异味道更加难闻。这才想到经销店做空调杀菌除臭清洗。时隔两周又异味重现,说明异味已渗透到车内饰填充料中(包含座椅),要解决车内异味已不是常规清洗杀菌能解决的事。

(2)经销店经过研讨,提出两套解决方案:①更换被污染的所有内饰件,成本会很高。②将车辆停放烘房高温烘烤 12 小时以上,让车内异味充分挥发,可使车厢内维持较长时间的清爽。客户考虑后同意采用第 2 套处理方案,约定双休日到店维修。

3. 案例点评

按照《汽车三包规定》第三章第十二条(八):"提醒消费者阅读安全注意事项、按产品使用说明书的要求进行使用和维护保养。"

服务顾问向周先生推荐定期清洗空调时间表,建议正确使用空调,定期维护、清洁空调系统,及时清除易产生异味物品、勤开车窗通风、根据车内空气质量切换内外通风装置,维持车内空气清洁度。

案例 2-24 投诉保养完工后不通知

1. 案例概述

于先生投诉某 4S 店做一个 5 000 公里的小保养从早上 8:30 做到 13:30,要不是自己催办还不知道几点才能拿到车。无论服务顾问怎样向于先生道歉,客户坚持要售后经理给一个合理的解释。

2. 处理过程

售后经理调查了情况,了解到服务顾问接车完成后马上下单进入车间施工,半个小时左右时车被移动到洗车工位,检验员见服务顾问忙着接车,就把施工单放在服务顾问的桌子上。服务顾问在整理办公桌时,把这辆车的保养单、施工单与钣喷施工单夹叠放在一起,忘记了! 范女士去前台催办了两次,服务顾问均对她说:"好了会通知你,等会儿吧。"服务顾问请检验员到车间了解车辆的保养进展,检验员回复早就交给服务顾问了。此时她才意识到问题,急忙找到夹在钣喷施工单里的保养结算单,速向范女士赔礼道歉,客户对她这种不负责任的办事风格十分不满,一定要售后经理给个说法。售后经理确认是服务顾问人为因素延误交车,属责任事故。

3. 案例点评

《机动车维修企业质量信誉考核办法(试行)》第三章第十条规定:"机动车维修企业应当建立质量信誉档案,并及时将相关内容和材料记入质量信誉档案。服务质量事件记录,包括每次事件的时间、原因、社会影响、通报部门或机构。"

该服务顾问工作时精力分散,不负责任,人为地延迟交车,违反质量信誉规定。范女士车辆保养工时费由不负责任的服务接待人员支付,并扣除当月 10%绩效作为处罚,以维护经销店诚信服务的荣誉。

案例 2-25 投诉保养时把新车脚垫弄脏

1. 案例概述

张先生找到某 4S 店服务经理,指着刚保养完的途观车上印在深灰色脚垫上的油迹脚印,问如何解决,这辆新车第一次做免费保养就把车搞成这个样子,下次还敢来吗? 4S 店低劣的服务品质与路边摊作业有什么不一样?

2. 处理过程

服务经理首先向张先生致歉,由于工作失误,没有把您的车保护好,谢谢您对经销店的服务提出意见。然后,服务经理征求张先生的处理意见,张先生要求换一个脚垫。服务经理说:"好,答应您的要求,换一个脚垫,另外把这个弄脏的脚垫洗净后给您做备用,您方便时到店来取。并把搞脏脚垫员工叫过来向您道歉。"如此处理超出了张先生的期望值,消除了不良影响。

3. 案例点评

服务经理确认在作业中未做好防护造成客户脚垫损伤,处罚维修人员办法参照《汽车三包规定》第五章第十八条规定:"在家用汽车产品包修期内,家用汽车产品出现产品质量问题,消费者凭三包凭证由修理者免费修理(包括工时费和材料费)。"

根据经销店服务公约:照价赔偿(员工个人承担30%费用,其余由企业负担);次日,在车间晨会上造事人员认错。警示员工在执行车辆维修作业时注意形象,特别要维护已获得 AA 诚信的企业形象。

案例 2-26 凌志车维修质量投诉

1. 案例概述

在回访凌志车车主杜先生对丰田某 4S 店的钣喷服务质量时,杜先生对回访专员发牢骚:"我是到店做右后翼子板油漆的,没有叫你们修门锁,原来门锁没有毛病,现在老婆从车内不能开门,还要我到车外为她开门。这种质量品质还好意思来回访,我要投诉。"

2. 处理过程

回访专员把电话转给客服经理,客服经理先向客户赔礼道歉,告知客户不是门锁故障,是儿童锁起保护作用,所以内门把手不能打开门。请客户按照他的电话操作步骤指令逐一操作,耐心讲述三遍后还是未能解除儿童锁,只能麻烦客户到店来处置。客户到店后,服务顾问手把手地指导他如何解除儿童锁,获得了客户的赞誉。

3. 案例点评

《汽车三包规定》第四章第十六条规定:"在家用汽车产品包修期和三包有效期内,家用汽车产品出现产品质量问题或严重安全性能故障而不能安全行驶或者无法行驶的,应当提供电话咨询修理服务;电话咨询服务无法解决的,应当开展现场修理服务,并承担合理的车辆拖运费。"

该经销店先用电话指导,未能解除儿童锁,再请客户到经销店,手把手地教会客户正确使用车辆装置操作,让客户享受到经销店的温馨服务。

案例 2-27 投诉保养车无人接待

1. 案例概述

邹先生开车来到某 4S 店进行保养,在场服务顾问都视而不见,不愿接待他。导致投诉到客服经理处,说:"送上门的生意都不愿做,你们店可以'打烊'了。"

2. 处理过程

邹先生每次到店保养都要享受特殊待遇,不管服务顾问有多忙,略有怠慢就会大叫大闹,所以被服务顾问列为不受欢迎的客户。客服经理亲自接待邹先生,在接待过程中知道"他是爱出风头、要面子的人。"喜好到店时有人迎候他,开好施工单立即将车送入车间保养,享受特殊待遇。客服经理认为他要求的服务正好符合预约客户服务流程条件,就对他说:"只要您来店保养前几天打电话给我们,就能按照您的要求为您提供所需服务,下次保养您可以尝试一下预约服务。今天您没有预约不能享受特殊服务。安排您走 QM60 快速通道,先让您体验一下快捷、方便、省时、优质的服务。"邹先生欣然接受了客服经理的建议,进入快速通道进行保养。

3. 案例点评

《机动车维修企业质量信誉考核办法(试行)》第一章第二条规定:"凡在中华人民共和国境内已获取经营许可的机动车维修企业均应遵守本办法。本办法所称质量信誉考核,是指在考核周期内对机动车维修企业的从业人员素质、安全生产、维修质量、服务质量、环境保护、遵章守纪和企业管理等方面进行综合评价。"

服务顾问怠慢接待邹先生就是变相的挑客服务,是违反信誉考核办法规定的。客户需要个性化服务正是企业追求的服务方向,服务就是需要不断地创新,不断地迎合不同客户群体的需求,经销店应与时俱进,适应服务的需要。

 思考与分析

1. 在质量保证期内,机动车同一故障修理两次仍不能修复的,机动车维修经营者应承担什么责任?

2. 王先生的一辆本田雅阁车刹车不灵,开到定点维修的某汽车维修厂修理。第二天取车时,该修理厂的服务接待员对王先生说,检查发现刹车片损坏,所以更换了原厂的刹车片。因为使用原厂刹车片,所以可以保证刹车性能良好,确保行驶安全。王先生付清所有修理费后将车开回家。一个月后,王先生又将该车开到修理厂,说踩刹车会产生尖叫声,修理厂的维修师傅检查发现,刹车盘被严重磨损,要王先生更换刹车盘,王先生不同意付刹车盘的费用,向消协投诉。请根据相关法律法规说明该事件的处理方法和理由。

3. 张先生开一辆斯巴鲁车到某综合汽车修理厂做保养,该修理厂发现时规皮带老化,涨紧轮轴承有响声,在征得张先生的同意后,到某汽配商店购置配件,回厂后更换老化的时规皮带和涨紧轮,更换后车却不能启动,检查发现气门已被打坏,张先生投诉汽车修理厂,修理厂说汽配商店的配件有问题,汽配商店说汽配件肯定没有问题。请根据相关法律法规说明该事件的处理方法和理由。

模块 3

车辆保险案例分析

◎ 学习目标

1. 知识目标
(1) 能描述车辆保险理赔的工作流程;
(2) 能叙述和解释汽车保险相关条例。

2. 能力目标
(1) 结合汽车保险案例能查阅汽车法律法规和规定的相关条例;
(2) 能引用汽车保险相关条例提出典型汽车保险案例的处理意见。

案例 3-1 牵涉第三方的索赔

1. 案例概述

某年 4 月的一个凌晨,小王开车不幸和人相撞。事故是对方全责,没有小王的责任。但是对方就是一个农用车,而且车主的生活也很拮据。小王当时心一软,就没有追究农用车的责任,自己回保险公司理赔,可是被保险公司拒赔了。

2. 处理过程

在不幸出险后,被保险人必须先向第三方索赔,才有可能获得保险公司的赔偿。《中华人民共和国保险法》(以下简称《保险法》)规定:"必须有责任认定",保险公司才能赔付。即使被保险人有一定过错,也必须先向第三方索赔,才有可能获得保险公司的赔偿。一旦放弃了向第三方追偿的权利,也就放弃了向保险公司要求赔偿的权利。所以小王被保险公司拒赔了。

3. 案例点评

根据《保险法》第六十一条规定:"保险事故发生后,保险人未赔偿保险金之前,被保险人放弃对第三者请求赔偿的权利的,保险人不承担赔偿保险金的责任。"所以本案可以拒赔。但在实际操作中,受害方可以向自己的保险公司申请代位求偿,由受害方的保险公司先行赔偿标的损失后,取得代位求偿权再向责任方进行追偿。

如果出险且责任在对方,一定要先找对方索赔,未果(最好是有法庭的强制执行未果的证明)时才可以找自己的保险公司索赔。必须注意:双方事故一定要经过交警,多数情况保险公司只看交警的裁决单。另外,小区保安开的小区内事故认定证明也同样有效。

为了提高道路通行效率,最大限度减少交通事故对道路交通的影响,鼓励交通事故当事人自撤现场、自行协商处理,各地出台了相关交通事故自撤现场、自行协商办法,在对事故事实、责任无异议,仅涉及财产损失,且损失金额较小的情况下,事故双方可以去相关理赔服务中心自行协商处理。

案例 3-2 第三者责任险

1. 案例概述

电视中播放有这样一个案例:几年前,刘先生开着自家的吉普车在自家门口撞倒了自己的妻子。妻子当时伤势很重,医疗费花了好几万元。刘先生想这辆车上了第三者责任险,可以到保险公司索赔,结果遭到拒赔。

2. 处理过程

第三者责任险中的第三者不包括 4 种人:保险人、被保险人、责任车发生事故时的驾驶员及其家庭成员、被保险人的家庭成员,所以刘先生遭到保险公司拒赔。

3. 案例点评

根据《机动车第三者责任保险条款》规定，第三者不包括"被保险机动车本车上人员、投保人、被保险人和保险人"。同时，第五条规定："被保险机动车造成下列人身伤亡或财产损失，不论在法律上是否应当由被保险人承担赔偿责任，保险人均不负责赔偿：（一）被保险人及其家庭成员的人身伤亡、所有或代管的财产的损失；（二）被保险机动车本车驾驶人及其家庭成员的人身伤亡、所有或代管的财产的损失；（三）被保险机动车本车上其他人员的人身伤亡或财产损失。"

案例 3-3　规定时间内报案

1. 案例概述

张先生到外地出差前，车不幸丢失，但因为时间紧急，所以就先去出差。出差的过程非常繁忙，忘记向保险公司报案。回来后自己寻找，没有找到，向保险公司索赔被拒。

2. 处理过程

《机动车辆保险条款》的基本险第二十八条、第三十条和全车盗抢险条款第四条规定：被保险人在保险车辆发生保险事故后应向事故发生地的交警部门报案，而且一定要在48小时内报案，否则有可能直接被拒赔。张先生未在规定的时间内向保险公司报案，也未向当地公安机关报案，所以遭到保险公司拒赔。

3. 案例点评

车主出险后有及时向保险公司报案的义务。切记要48小时内向保险公司报案，这是出险后能享有正当权利的保证。

根据《机动车辆保险条款》的全车盗抢险条款规定，本案拒赔依据应为"第三条保险车辆全车被盗窃、抢劫、抢夺时，有以下情形之一的，本公司不负赔偿责任：被保险人索赔时，未能提供机动车停驶手续或出险当地县级以上公安刑侦部门出具的盗抢立案证明"；而非案例保险公司拒赔理由"未在规定的时间内向保险公司报案，也未向当地公安机关报案"。

保险条款中列明如下："发生保险事故时，被保险人应当及时采取合理的、必要的施救和保护措施，防止或者减少损失，并在保险事故发生后48小时内通知保险人。否则，造成损失无法确定或扩大的部分，保险人不承担赔偿责任。"

案例 3-4　车辆保管不善造成丢失

1. 案例概述

小郭去年买的新车，每天都停在小区的收费停车场里，每年要交1 500多元的停车费。六月的一天，小郭发现自己的车被盗，因为是全险，向保险公司索赔，得到的答案是拒赔。

2. 处理过程

按照保险公司的规定，凡是车辆在收费停车场或营业性修理厂中被盗，保险公司一概不负责赔偿。因为上述场所对车辆有保管的责任,在保管期间,因保管人保管不善造成车辆损毁、丢失的,保管人应承担责任,保险公司不负责赔偿。因此,无论是车丢了,还是被划了,保险公司一概不负责赔偿,所以小郭遭到保险公司拒赔。

3. 案例点评

正确的方法是找到停车场去索赔。因此驾驶员一定要记得收好每天的停车费,或者其他的缴费单据,以便出事之后,找到停车场索赔。

根据《机动车辆保险条款》的全车盗抢险条款第三条规定:"保险车辆全车被盗窃、抢劫、抢夺时,有以下情形之一的,本公司不负赔偿责任:(三)保险车辆在竞赛、检测、修理、养护,被扣押、征用、没收期间";本案例属于保险责任范围,保险公司应予以赔付。同时,根据《保险法》第六十条"因第三者对保险标的的损害而造成保险事故的,保险人自向被保险人赔偿保险金之日起,在赔偿金额范围内代位行使被保险人对第三者请求赔偿的权利"。本案例中当事人停放的停车场为收费停车场,与车辆停放人存在保管合同关系,对停放车辆具有保管责任。保险公司在承担赔偿责任后,可以依法向停车场进行代位追偿。

案例 3-5　全车盗抢险赔偿范围

1. 案例概述

陈某退伍后回到家乡从事汽车贴膜的批发销售经营,生意红火,几年后买了奥迪轿车,很多人十分羡慕。一日,外地的一位战友郑某老远赶来看他,陈某开车带他到外面吃饭,战友便提议由自己开车,找找开好车的感觉,陈便欣然同意。车开到一家饭店门口后,陈嘱咐战友把钥匙带上下车,自己就先下了车。谁知他刚把车门关上,车就重新启动了,战友突然掉转车头向公路开去,陈不得其解,在后面追着喊了几声,谁知车丝毫未停,反倒越开越快,一会儿就没了影。几天后,与战友郑某再也联系不上的陈某向公安机关和保险公司报了案。3个月过去了,车还是没有下落。陈某于是拿着公安机关的证明,来到保险公司要求理赔。保险公司并不认为这是一起车辆盗抢险交通事故,认为这是熟人诈骗,不属于盗抢险的赔偿范围,拒绝了陈的请求。陈某只好将保险公司告上了法庭,希望其能够赔偿自己的巨额损失。

2. 处理过程

法院经审理认为:郑某的行为构成抢夺,属于全车盗抢险的赔偿范围,保险公司应予赔偿,支持陈某的诉讼请求。

3. 案例点评

本案的关键是分清盗窃、抢劫、抢夺和诈骗的区别,以确定全车盗抢险的承保风险。

盗窃是指以非法占有为目的,秘密地窃取公私财物的行为。本案中,郑某是在陈某刚下车时公然将车开走,显然不是以"秘密窃取"的方法占有陈某的车辆。

抢劫在客观方面的表现是对财物的所有人、保管人或守护人以当场实施暴力、胁迫或其他方法,而夺取其财物或者迫使其交出财物。这里的"其他方法"是指暴力、胁迫以外的其他使被害人处于不能反抗的状态,而抢走其所有或者保管的财物的方法。本案中,郑某采取的显然不是这样的方法。

诈骗在客观方面的表现是用各种虚构事实或者隐瞒真相的方法蒙蔽被害人,使之产生错觉,从而自愿地把财物交给诈骗分子。陈某也没有因郑某的欺骗而有将车送给郑某的意图,只是让他开开而已,因此不同于诈骗的构成要素。

抢夺在客观方面表现为夺取财物是公开进行的,当着财物所有人或保管人的面或者采用可以使其立即发觉的方法夺取财物;行为人公然夺取财物时并不使用暴力或暴力威胁等侵犯被害人人身的手段行为。郑某是在陈某在场的情况下,公然将车强行开走的,在这一过程中未对陈某的人身使用暴力,其行为符合抢夺的特征。

案例 3-6　违背保险合同

1. 案例概述

蔡某为其新买的奇瑞车上了保险,其中包括全车盗抢险。该车使用性质为私人生活用车(家庭自用车),保险期为 2008 年 10 月 10 日起至 2009 年 10 月 10 日止。2008 年 12 月 5 日 1 时许,蔡某的儿子驾驶该车在城郊接合部拉黑活时,被车上乘客打劫,二人将司机拳打脚踢撵下车,然后将车开走。案发后,蔡某的儿子向公安局报了案,但此案尚未破获。蔡某遂向某保险公司提出索赔。保险公司以"机动车综合险条款第三十条及三十四条之规定"认为此交通事故不属于赔偿责任范围,不予理赔。蔡某向法院起诉要求保险公司赔偿车辆损失 53 000 元。

2. 处理过程

被告保险公司辩称,原告投保的车辆性质是私人生活用车,该车是在夜间拉黑活过程中被车上人劫持开走的。由于原告私自改变了被保险车辆的使用性质,增加了危险程度,却未事先书面通知保险公司并办理批改手续,且原告在索赔时隐瞒了车辆用于营运的事实,涉嫌欺诈。

法院经审理认为:被告作为保险人接受了原告的投保申请及交纳的保险费,并签发了机动车辆保险单,故双方之间形成了保险合同关系。双方都应秉着诚信的原则严格履行合同,但本案原告在保险单上写明本车由家庭生活使用,却允许其子用于商业运营,增加了车辆的危险程度,且未就此告知保险公司,原告违背了保险合同的如实告知义务,无权就车辆被抢劫所遭受的损失请求保险公司赔偿。依法驳回原告的起诉。

3. 案例点评

投保人和保险人都应遵守《保险法》规定的如实告知义务,否则承担相应的法律责任。

我国《保险法》第三十七条规定:"在合同有效期内,保险标的危险程度增加的,被保险人按照合同约定应当及时通知保险人,保险人有权要求增加保险费或者解除合同。被保险人未履行前款规定的通知义务的,因保险标的危险程度增加而发生的保险交通事故,保险人不承担赔偿责任"。该条是对投保人如实告知义务的要求。本案蔡某擅自改变车辆用途的行为使车辆被盗抢的危险增加,而保险公司并不知情,所以根据保险合同的约定,保险公司有权拒赔。

我国《保险法》第十七条在规定投保人的如实告知义务时,同时要求保险人向投保人说明保险合同的条款内容。保险合同中规定有关保险人责任免除条款的,保险人在订立保险合同时应当向投保人明确说明,未明确说明的,该条款不产生效力。

本案例中,保险公司拒赔依据应为《全车盗抢险》第七条:"下列情况下,不论任何原因造成保险机动车的任何损失和费用,保险人均不负责赔偿:3.保险机动车改变使用性质或所有权转移,未向保险人办理批改手续"。

《保险法》第五十二条:"在合同有效期内,保险标的的危险程度显著增加的,被保险人应当按照合同约定及时通知保险人,保险人可以按照合同约定增加保险费或者解除合同。保险人解除合同的,应当将已收取的保险费,按照合同约定扣除自保险责任开始之日起至合同解除之日止应收的部分后,退还投保人。

被保险人未履行前款规定的通知义务的,因保险标的的危险程度显著增加而发生的保险事故,保险人不承担赔偿保险金的责任"。

《保险法》第十七条:"订立保险合同,采用保险人提供的格式条款的,保险人向投保人提供的投保单应当附格式条款,保险人应当向投保人说明合同的内容。

对保险合同中免除保险人责任的条款,保险人在订立合同时应当在投保单、保险单或者其他保险凭证上作出足以引起投保人注意的提示,并对该条款的内容以书面或者口头形式向投保人作出明确说明;未作提示或者明确说明的,该条款不产生效力"。

案例 3-7　行驶证或驾驶证过期

1. 案例概述

被保险人白某向保险公司报案,称自己驾驶被保险车辆于 2014 年 1 月 30 日傍晚时分在河南省境内发生两车追尾事故,事故造成标的左前部损坏,如图 3-1 所示。保险公司在接到报案后随即安排了查勘定损人员进行现场查勘。

2. 处理过程

保险公司在审核本案损失时发现,查勘定损人员拍摄了驾驶证(如图 3-2 所示)和前车尾部照片(如图 3-3 所示),但未在现场拍摄到标的行驶证照片,仅在系统内进行备注(如图 3-4 和图 3-5 所示)。

图 3-1　损坏车的损坏部位

图 3-2　出险驾驶员驾驶证

图 3-3　前车尾部照片

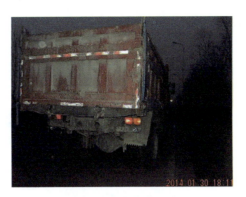

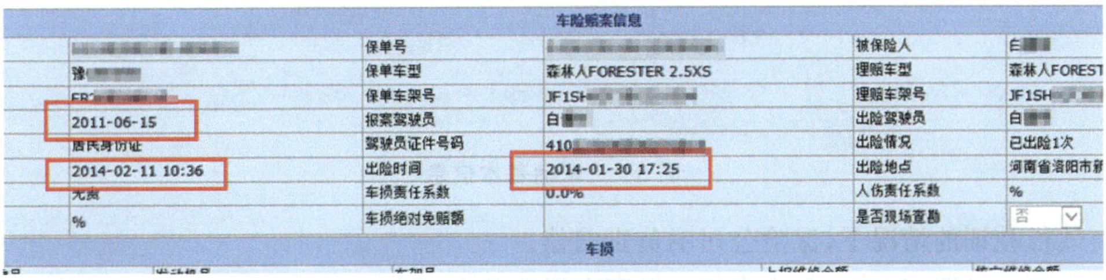

车险赔案信息				
	保单号		被保险人	白
豫	保单车型	森林人FORESTER 2.5XS	理赔车型	森林人FOREST
FR	保单车架号	JF1SH	理赔车架号	JF1SH
2011-06-15	报案驾驶员	白	出险驾驶员	白
居民身份证	驾驶员证件号码	410	出险情况	已出险1次
2014-02-11 10:36	出险时间	2014-01-30 17:25	出险地点	河南省洛阳市新
无责	车损责任系数	0.0%	人伤责任系数	%
%	车损绝对免赔额		是否现场查勘	否

车损

图 3-4　车险赔案信息

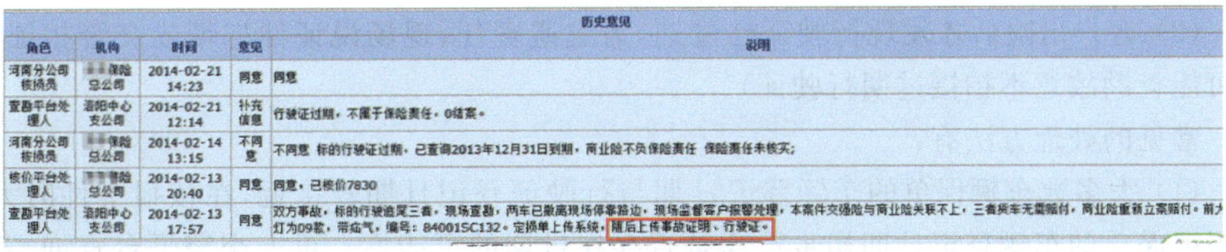

历史意见

角色	机构	时间	意见	说明
河南分公司核损员	保险总公司	2014-02-21 14:23	同意	同意
查勘平台处理人	洛阳中心支公司	2014-02-21 12:14	补充信息	行驶证过期，不属于保险责任，0结案。
河南分公司核损员	保险总公司	2014-02-14 13:15	不同意	不同意 标的行驶证过期，已查询2013年12月31日到期，商业险不负保险责任 保险责任未核实；
核价平台处理人	保险总公司	2014-02-13 20:40	同意	同意，已核价7830
查勘平台处理人	洛阳中心支公司	2014-02-13 17:57	同意	双方事故，标的行驶追尾三者，现场查勘，两车已撤离现场停靠路边，现场监督客户报警处理，本案件交强险与商业险关联不上，三者货车无需赔付，商业险重新立案赔付。前大灯为09款，带疝气，编号：84001SC132。定损单上传系统，随后上传事故证明、行驶证。

图 3-5　历史意见

针对这个情况，并结合案件基本情况，保险公司怀疑本案行驶证可能过期。

(1) 查勘提交后续上传行驶证，并未说明原因；出险驾驶员驾驶证如图 3-2 所示。

(2) 根据现场环境较偏僻(如图 3-6 所示)，且事故时间为临近过年，标的追尾三者，外观损失不严重，且责任应较明确，此情况若交警扣证概率较小，若理解为客户现场忘带也应不符常理。

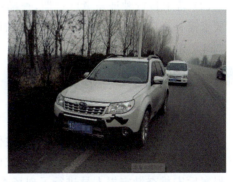

图 3-6　事故现场

随后，保险公司通过查询交通安全信息查询平台对标的车的基本情况进行了核实(如图 3-7 所示)，发现标的车的行驶证已于 2013 年 12 月 31 日到期未检，根据条款，本案损失不属于保险的责任范围。

3. 案例点评

本案是机动车辆保险证照过期的一个典型案例。保险条款明确约定，保险车辆不具

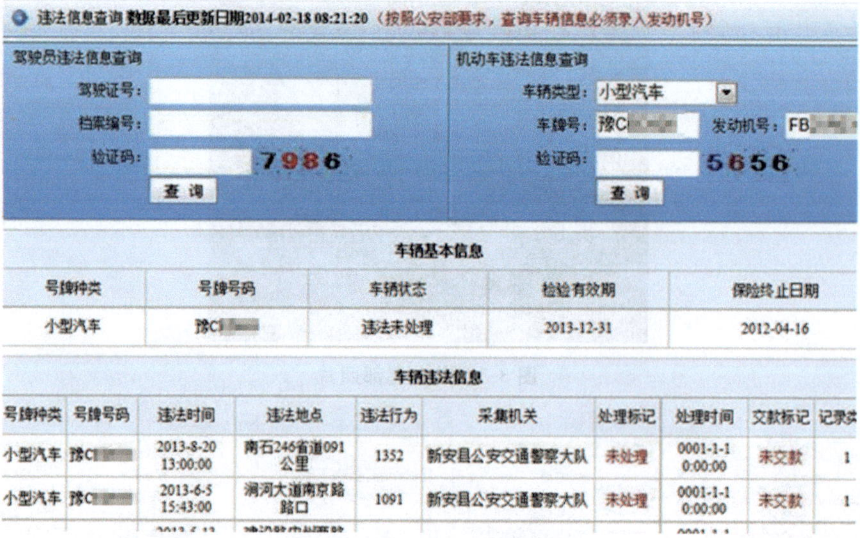

图 3-7　车辆基本信息

备有效行驶证的情况下,保险公司不负责赔偿。

行驶证过期,为逃避保险责任一般存在以下几个特点:

(1) 现场查勘时拍摄行驶证过期,客户说已验过车,但车管所还未盖章;

(2) 客户出险后才发现行驶证已过期,为逃避责任,现场说证件忘带或交警扣证(也有可能查勘故意不拍摄过期行驶证)。

常见的处理方法有:

(1) 大多数车辆保单的车辆登记日期与行驶证登记日期较接近,在核损案件时大致可根据保单的车辆登记日期初步推算是否存在过期的可能性。可上交警平台查询,若查到过期,截图保存掌握证据(前案例除外);

(2) 若上传行驶证盖章已过期,查勘意见为事故前已验车后续提供行驶证有效页,则可要求需补充验车过线单核实验车通过日期,或根据案件情况,有必要时反复勘核实。

案例 3-8　痕迹不符 1

1. 案例概述

保险公司于 2014 年 3 月 6 日接到被保险人林某报案,称其当天下午驾驶标的车在浙江省嘉兴市发生碰撞单车事故,事故造成标的车尾部受损,如图 3-8 所示。保险公司在接到报案后安排查勘定损人员进行了现场查勘。

2. 处理过程

保险公司审核了车辆赔案信息(如图 3-9 所示)和客户提供的新驾驶证(如图 3-10 所示),发现被保险人现场出具的驾驶证已于 2014 年 3 月 5 日过期。而客户于 2014 年 3 月 7 日提供的新驾驶证照片副本无提前处理时间,按照当地交管部门处理习惯,办理新证的同时原驾驶证会进行回收。

模块 3　车辆保险案例分析

图 3-8　事故现场

图 3-9　车险赔案信息

图 3-10　客户提供的新驾驶证

在对本案旧证的到期时间、出险时间、查勘初次提交时间等案件信息综合分析后认为，本案标的车的驾驶证疑似案后补办，如图 3-11 所示。

角色	机构	时间	意见	说明
浙江嘉兴核损员	[illegible]保险总公司	2014-03-08 14:55	同意	同意 待复勘
查勘平台处理人	嘉兴支公司	2014-03-08 14:45	补充信息	老师好、因平台问题、麻烦老师发起复堪、最终价格以复堪意见为准、谢谢
浙江嘉兴核损员	[illegible]保险总公司	2014-03-08 13:07	不同意	不同意 标的老证3月5日到期，6日出险，7日提供新证，新证副本无提前办理过的时间，且办理新证应会回收老证，驾驶证疑似事故后补，请补充机构核实意见 保险[illegible]核实;
查勘平台处理人	嘉兴支公司	2014-03-08 11:10	同意	驾驶员"林[illegible]"于"2014-03-06 15:35:00"在"浙江省嘉兴市嘉善县北大新城"因" "造成本车"浙FC[illegible]三者"" 及财物 ""损坏，标的驾驶员负"100",责任比例为"100%"。被保险人驾驶、无违约行为

查看图片(T)　历史信息(H)　预查勘历史

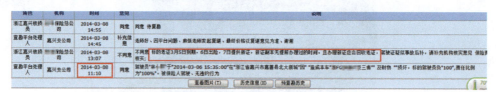

图 3-11　驾驶证疑似案后补办

在与被保险人充分沟通的情况下，被保险人承认出险时驾驶证已过期，最终放弃索赔（如图 3-12 所示）。

角色	机构	时间	意见	说明
复勘确认	嘉兴支公司	2014-03-17 15:29	同意	
复勘员		2014-03-17 09:08	事故真实	驾驶员驾驶证过期，已放弃索赔。

图 3-12　被保险人承认出险时驾驶证已过期，最终放弃索赔

3. 案例点评

根据《中华人民共和国道路交通安全法实施条例》，持过期驾驶证驾车属于“无合法驾驶资格”，属于保险合同约定的免责情况。

本案出险时驾驶证可能过期原因：

（1）分析老证到期时间、新证上传的时间、查勘初次提交案件时间；

（2）所提供的新证副本无打印生效日，说明驾驶证是在过期当日或之后才可办理（大部分城市现换证会回收旧证），如图 3-13 所示。

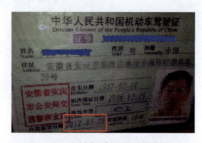

(a) 有效行驶证正证样本

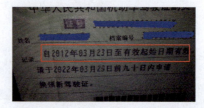

(b) 有效行驶证副证样本

图 3-13　有效行驶证样本

模块 3　车辆保险案例分析

 案例 3-9　痕迹不符 2

1. 案例概述

报案人聂某于 2014 年 3 月 28 日中午向保险公司报案,称驾驶标的车在深圳市宝安区发生两车相撞事故,事故造成标的右后部、三者左前部车损,如图 3-14 和图 3-15 所示。保险公司随后安排查勘定损人员进行查勘。

图 3-14　三者车前部照片

图 3-15　三者车受损部位照片

2. 处理过程

保险公司在审核过程中,根据车辆损失照片发现三者车脱漆痕迹较重,但车身却无标的车黄色油漆附着,案件存在拼凑,如图 3-16 和图 3-17 所示。本案驾驶出险的驾驶员并非是被保险人,且事故双方车辆在同一家修理厂维修。最后客户案件进行了销案处理,如图 3-18～图 3-21 所示。

图 3-16　标的车照片

图 3-17　标的车受损部位照片

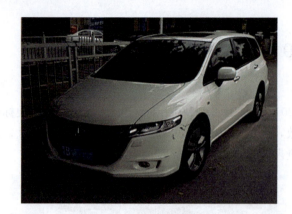

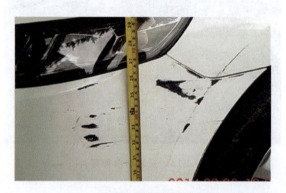

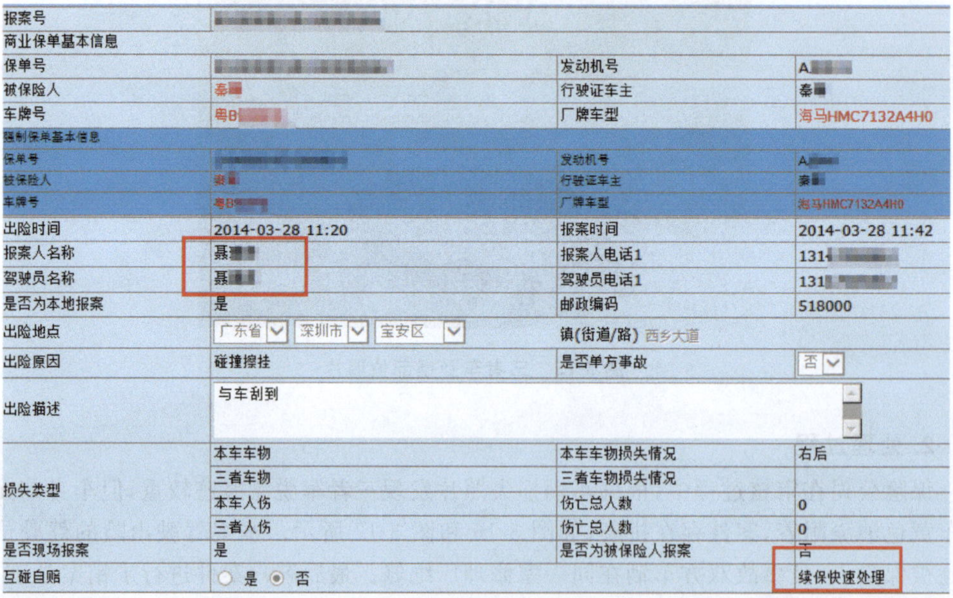

报案号	[illegible]		
商业保单基本信息			
保单号	[illegible]	发动机号	A[illegible]
被保险人	秦[illegible]	行驶证车主	秦[illegible]
车牌号	粤B[illegible]	厂牌车型	海马HMC7132A4H0
强制保单基本信息			
保单号	[illegible]	发动机号	A[illegible]
被保险人	秦[illegible]	行驶证车主	秦[illegible]
车牌号	粤B[illegible]	厂牌车型	海马HMC7132A4H0
出险时间	2014-03-28 11:20	报案时间	2014-03-28 11:42
报案人名称	聂[illegible]	报案人电话1	131[illegible]
驾驶员名称	聂[illegible]	驾驶员电话1	131[illegible]
是否为本地报案	是	邮政编码	518000
出险地点	广东省 深圳市 宝安区	镇(街道/路)	西乡大道
出险原因	碰撞擦挂	是否单方事故	否
出险描述	与车刮到		
损失类型	本车车物	本车车物损失情况	右后
	三者车物	三者车物损失情况	
	本车人伤	伤亡总人数	0
	三者人伤	伤亡总人数	0
是否现场报案	是	是否为被保险人报案	否
互碰自赔	○ 是 ◉ 否		续保快速处理

图 3-18　车险赔案信息

模块 3　车辆保险案例分析

图 3-19　标的车定损信息

图 3-20　三者车定损信息

图 3-21　查勘意见

3. 案例点评

（1）两辆车碰擦无明显附着物违反常理。

（2）车辆碰撞高度不在同一平面，有事故车辆嫁接，人为制造保险事故行为。

（3）非被保险本人处理事故，修理厂有人为操作嫌疑。

（4）标的及三者车辆驾驶员与被保险本人互不认识。

（5）同一家维修厂修理，疑似利用在修车辆骗取保险赔款。

 ## 案例 3-10　停放受损

1. 案例概述

保险公司于 2013 年 9 月 7 日接到被保险人戴某报案电话，称标的车在停车场停放过程中被不明车辆碰撞，标的车尾部受损。保险公司对标的车进行了现场查勘。案件基本信息如图 3-22 所示，标的车车损照片如图 3-23 所示，事故现场照片如图 3-24 所示，事故现场监控摄像头拍摄情况如图 3-25 所示，被保险人指认车辆停放位置如图 3-26 所示。

报案号			
商业保单基本信息			
保单号		发动机号	C
被保险人	戴	行驶证车主	陈
车牌号	粤L	厂牌车型	丰田GTM7200E
强制保单基本信息			
保单号		发动机号	
被保险人	戴	行驶证车主	陈
车牌号	粤L	厂牌车型	丰田GTM7200E
出险时间	2013-09-06 21:19	报案时间	2013-09-06 21:32
报案人名称	戴	报案人电话1	180
驾驶员名称	戴	驾驶员电话1	180
是否为本地报案	是	邮政编码	510600
出险地点	广东省 惠州市 惠东县	镇(街道/路) 广汕路	
出险原因	碰撞擦挂	是否单方事故	是
出险描述	停放被车撞 找不到三者		
损失类型	本车车物	本车车物损失情况	后面
	三者车物	三者车物损失情况	
	本车人伤	伤亡总人数	0
	三者人伤	伤亡总人数	0

图 3-22 案件基本信息

图 3-23 标的车车损照片

图 3-24 事故现场照片

图 3-25 事故现场监控摄像头拍摄情况

图 3-26 被保险人指认车辆停放位置

2. 处理过程

根据现场照片,保险公司认为标的车尾部损失属实,受损痕迹疑似被追尾,需进一步复勘核实本案是否存在第三方已经赔付标的的情况,核实是否为停放被撞案件。

在通过现场走访事故地方附近目击证人,调取现场监控录像发现在出险时间段标的车并未在事发路段出现。同时,在面见被保险人了解出险经过的谈话中,被保险人在描述案件发生情况时,话语模糊,表达不顺畅,存在隐瞒事故真实情况的可能。随后,保险公司向被保险人表明已经对案件调查取得有力的证据,并说明了欺诈保险后果的严重性。查勘意见如图 3-27 所示。最终被保险人放弃了索赔,同意案件销案处理,如图 3-28 所示。

3. 案例点评

停放受损类案件风险较大,标的无责实际应由三者赔付,或标的驾驶员有违约情形。此类案件根据实际情况(受损痕迹和金额),若能拍摄到现场,建议先让查勘拍摄出险地点、标的报案停放位置,再根据现场环境判断是否有必要发起性质复勘。

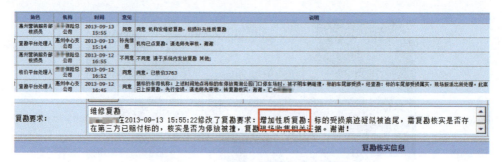

角色	机构	时间	意见	说明
惠州营销服务部核损员	[illegible]保险总公司	2013-09-13 15:55	同意	同意 机构发维修复勘，核损补充性质复勘
查勘平台处理人	惠州中心支公司	2013-09-13 15:14	补充信息	机构已点复勘，请老师先审核，谢谢
惠州营销服务部核损员	[illegible]保险总公司	2013-09-12 16:55	不同意	不同意 请于系统内发放复勘 其他:
核价平台处理人	[illegible]保险总公司	2013-09-12 16:52	同意	同意，已核价3763
查勘平台处理人	惠州中心支公司	2013-09-12 16:45	同意	据标的车司机称：上述时间地点将标的车停放南湖公园门口停车场时，被不明车辆碰撞，标的车尾部受损。经查勘：标的车尾部受损属实，现场报派出所处理。此案已上报复勘，先行定损，请老师先审核，转复勘核实，谢谢。汇中[illegible]

复勘要求：

维修复勘

[illegible]在2013-09-13 15:55:22修改了复勘要求：增加性质复勘：标的受损痕迹疑似被追尾，需复勘核实是否存在第三方已赔付标的，核实是否为停放被撞，复勘现场收集相关证据。谢谢！

复勘核实信息

图 3-27　查勘意见

角色	机构	时间	意见	说明
复勘确认	惠州中心支公司	2013-09-17 15:53	同意	同意
复勘员		2013-09-17 15:42	其他	1：该案经复勘调查核实，现场走访附近目击证人及监控录像，此时间段没标的车出现过（事发点路）。2：面见被保险人了解出险经过，交谈中，被保险人回答关于案件碰撞一事说不顺畅，存在隐瞒事故真性实。3：后告诉被保险人说明我司已调查了取得相关的证据，给被保险人施加压力，如欺诈保险后果的严重性。 4：最终被保险人放弃索赔，同意销案处理。

图 3-28　被保险人同意销案处理

案例 3-11　修理厂造假

1. 案例概述

2014 年 1 月 12 日，报案人王某驾驶标的车在江苏省无锡市发生两车相撞事故。造成标的车及三者车右前部损失。标的车车损照片如图 3-29 所示。保险公司在接到报案后进行了查勘。

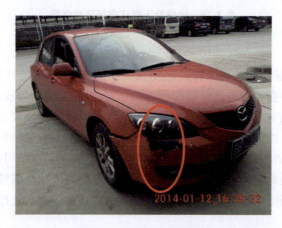

图 3-29　标的车车损照片

2. 处理过程

保险公司在对两车损失进行核对时发现本案标的车右前保险杠有明显旧损，如图 3-30

所示。三者车车损照片如图 3-31 所示。所以三者车右前保险杠断裂非本次事故造成，如图 3-32 所示。

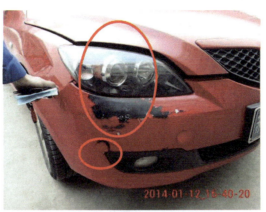

图 3-30　标的车前保险杠有明显旧损

图 3-31　三者车车损照片

图 3-32　三者车右保险杠断裂非本次事故造成

随后，保险公司在对出险驾驶员进行询问时发现，事故驾驶人员刻意回避车辆旧伤情况，同时回答与被保险人关系等问题时含糊不清，不像其自称的朋友关系。结合案件基本情况，保险公司认为本案存在修理厂造假嫌疑，在向客户讲解相关法律后果后，客户同意销案，机构处理的销案意见如图 3-33 所示。

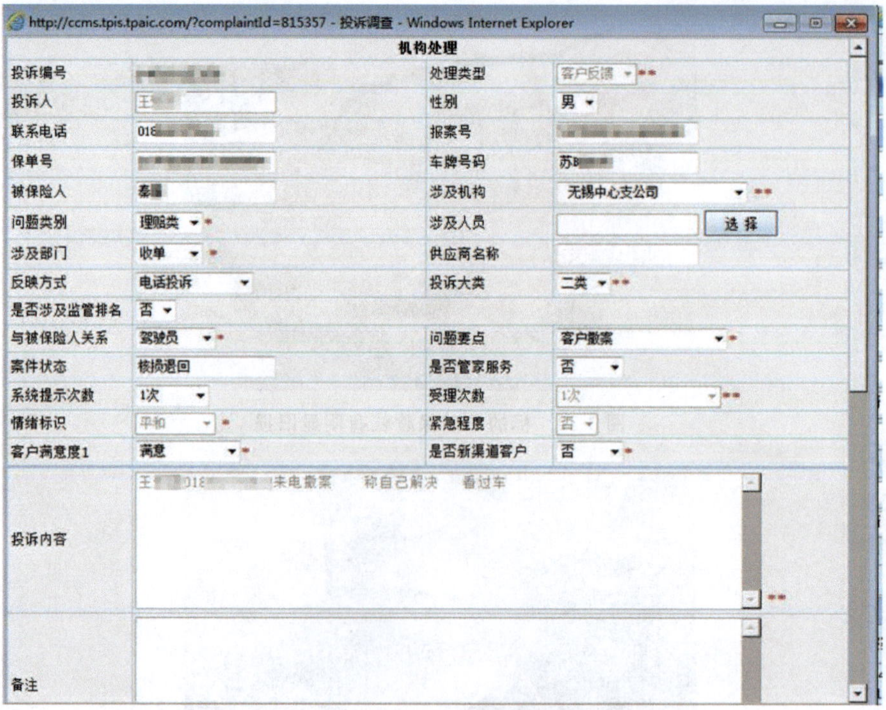
http://ccms.tpis.tpaic.com/?complaintId=815357 - 投诉调查 - Windows Internet Explorer

机构处理

投诉编号		处理类型	客户反馈
投诉人	王	性别	男
联系电话	018	报案号	
保单号		车牌号码	苏B
被保险人	秦	涉及机构	无锡中心支公司
问题类别	理赔类	涉及人员	选择
涉及部门	收单	供应商名称	
反映方式	电话投诉	投诉大类	二类
是否涉及监管排名	否		
与被保险人关系	驾驶员	问题要点	客户撤案
案件状态	核损退回	是否管家服务	否
系统提示次数	1次	受理次数	1次
情绪标识	平和	紧急程度	否
客户满意度1	满意	是否新渠道客户	否
投诉内容	王 018 来电撤案 称自己解决 看过车		
备注			

图 3-33　客户销案

3. 案例点评

被保险人将保险车辆送至修理厂维护修理期间，被保险人暂时失去了对保险车辆的控制权，这在一定程度上增加了保险车辆的危险程度；同时，由于修理行业的专业特性，容易诱发“道德风险”，在现实中，也有很多保险诈骗案的主谋是修理厂或是修理厂协助进行的。

此类案件有以下几个特点：

(1) 驾驶员多为修理厂修理人员；

(2) 除了现场碰撞痕迹外还有其他修理期间出现的特征；

(3) 驾驶员可能刻意隐瞒修车事实；

(4) 驾驶员对被保险人的情况不了解。

针对该类案件，在案件调查过程中必须着重对修理厂人员的调查，弄清楚事故车的进厂过程、送修人、车损情况、修理时更换配件及相关修理费用、支付及发票真实性，修理后的车况等详细信息。以此判断标的车是否经常在相关修理厂维修？是否在修理期间出险？维修是否达到保险公司的要求？是否恢复了该车的技术条件？有否夸大损失或扩大损失等问题，以切实保护被保险人和保险公司的权益。同时要提取维修车辆的工时单、材料清单、配件进出库单、配件采购单等作为佐证。如果报案所称的驾驶员确定是修理厂员工，保险公司调查人员要采取通过电话咨询、直接到修理厂确认等方法予以证实，为查明事故真相提供依据。

模块 3　车辆保险案例分析

案例 3-12　顶包案件 1

1. 案例概述

2013 年 5 月 9 日 22 时许,被保险人陈某向保险公司报案称其驾驶标的车在浙江金华磐安县上桑转盘处撞隔离带,导致标的车左前及底盘受损,三者石墩无损的单方事故。保险公司接到报案后马上安排人员进行现场查勘,事故现场如图 3-34 所示。

图 3-34　事故现场照片

2. 处理过程

保险公司在到达现场后,对碰撞痕迹进行了查勘,车辆与隔离墩碰撞位置如图 3-35 所示,标的车车损照片如图 3-36 所示,发现标的车在出险时未采取任何制动措施,事故造成标的车正驾驶气囊弹出,气囊上有明显血迹,如图 3-37 所示,但在面见当事人时发现陈某脸上无任何受伤痕迹,如图 3-38 所示,与常理不符。加上为夜间出险案件,本案存在酒驾嫌疑。

图 3-35　与隔离墩碰撞位置

图 3-36　标的车车损照片

图 3-37　安全气囊有明显血迹

图 3-38　被保险人无任何受伤痕迹

另外,案件调查过程中还发现事故驾驶员陈某在描述事故碰撞经过细节时存在前后不一的情况。在再次约见被保险人后,陈某终于承认标的车出险时借给了朋友李某。事故发生当晚,李某刚结束与客户在酒吧的应酬,驾车前已经喝下半斤白酒,迷迷糊糊驾车回家途中发生事故。由于害怕承担法律责任,当场打电话给了被保险人陈某顶包。最后案件以保险公司拒赔处理。

3. 案例点评

夜间出险的高风险案件需对酒驾、药物使用、标的车出险前驾驶路线、车辆上人员数量、事故发生前车辆修理情况等进行调查,酒后驾驶往往是重大保险事故诱因。

案例 3-13　顶包案件 2

1. 案例概述

被保险人李某于 2013 年 7 月 21 日 23 时许驾驶标的车在陕西省西安市昆明路和西三环交界处行驶时撞路边隔离带,造成标的车受损的单方事故。随后李某向保险公司报案,并在现场等待保险公司查勘。事故现场如图 3-39 所示。

图 3-39　事故现场照片

2. 处理过程

1 小时后,保险公司查勘人员到达现场,对事故痕迹进行了查勘,未发现现场有制动痕迹,事故发生撞击点如图 3-40 所示,同时在了解事故发生情况时发现驾驶员李某对事

图 3-40　事故发生撞击点

故经过的描述与碰撞痕迹不符,且言辞闪烁,前后矛盾点较多,如图 3-41 所示。而当时现场李某边上的一位女士始终一言不发,如图 3-42 所示,对查勘人员的询问采取回避态度。在进一步深入询问及相关法律法规的宣导后,李某最后终于确认本案为顶包案件,实际出险驾驶人员为其女友吴某,吴某为无驾照人员。最后本案当场拒赔处理。

图 3-41 被保险人李某在现场向查勘人员叙述事发经过

图 3-42 实际驾驶人员吴某与标的车人车合影

3. 案例点评

顶包案件指发生事故后找有合法驾驶资格或其他人员顶替承担责任及处理事故的现场案件。此类案件特点有以下几点:

(1) 酒后驾车或无驾驶证后发生事故,以单车事故居多;

(2) 夜间饭后出险较多;

(3) 多数现场地面未见制动痕迹,或制动痕迹较短;

(4) 驾驶员无与现场一致的特征,如受伤、衣着不整等;

(5) 驾驶员不能清楚描述事故经过,对车主及被保险人的情况,车内物体存放及车上乘客座位不清楚;

(6) 现场附近存在无关的车辆或人员。

案例 3-14 欺诈案件 1

1. 案例概述

驾驶员于某于 2013 年 4 月 10 日 13：10 在江苏省南京市鼓楼区龙仁南路驾驶标的车，发生与电线杆刮擦事故，造成标的车损坏。事故发生后，于某向保险公司进行了报案，保险公司安排查勘定损人员进行了现场查勘。案件基本信息如图 3-43 所示。

商业保单基本信息					
保单号	[redacted]	发动机号	Z[redacted]	车架号	
被保险人	于[redacted]	行驶证车主	于[redacted]	客户类型	
车牌号	苏A[redacted]	厂牌车型	红旗CA7165AT3	承保机构	
强制保单基本信息					
保单号	[redacted]	发动机号	Z[redacted]	车架号	
被保险人	于[redacted]	行驶证车主	于[redacted]	客户类型	
车牌号	苏A[redacted]	厂牌车型	红旗CA7165AT3	承保机构	
出险时间	2013-04-10 13:10	报案时间	2013-04-10 13:17		
报案人名称	于[redacted]	报案人电话1	187[redacted]	报案人电话2	
驾驶员名称	于[redacted]	驾驶员电话1	187[redacted]	驾驶员电话2	
是否为本地报案	是	邮政编码	210000		
出险地点	江苏省 南京市 鼓楼区		镇(街道/路) 龙仁南路		
出险原因	碰撞	是否单方事故	是		
出险描述	刮到电线杆				

图 3-43 案件基本信息

2. 处理过程

保险公司在案件审核过程中发现，根据定损单显示，本次事故定损仅给予右侧车身油漆工时，并无钣金整形费用。标的车定损项目如图 3-44 所示。

更改项目	数量	查勘点报价	中心系统价	中心市场价	核损数量	核损价格	备注	配件来源	损余物

修理项目	工时费	核损中心同意价	备注
油漆 非外加工费	1000.0	1000.0	右前门，右后门，右后叶，右后保，右前门把手

待查项目	数量	查勘报价	核损数量	核损价格	备注	配件来源
查勘残值	0.0	核损残值	0.0			

	材料费	工时费	残值	定损合计
查勘点	0.0	1000.0	0.0	1000.0
定损中心	0.0	1000.0	0.0	1000

图 3-44 标的车定损项目

根据现场照片（如图 3-45 和图 3-46 所示）比对，右前翼子板、右车门均有油漆划痕，但倒车镜并未损坏。右后翼子板损坏较严重，划痕较深，但也没有变形，损失位置无连贯性，不符合一次性碰撞的可能。同时，右前车头处存在旧损。标的车损失照片如图 3-47～图 3-49 所示。

图 3-45　事故现场照片 1

图 3-46　事故现场照片 2

图 3-47　标的车受损照片 1

图 3-48　标的车受损照片 2

图 3-49　标的车受损照片 3

根据常理分析,本次事故应为倒车时发生的事故,车身右后发生碰撞后,驾驶员应及时刹车,造成从后到前一侧受损的可能性很低。假设当时确实没有及时停车,造成一侧受损,但是前门与前翼之间的倒车镜也应受损。综上分析,标的车损失位置与现场灯杆不相符,且车头存在旧损,本次事故应系认为故意制造的刮碰事故。

3. 案例点评

(1) 新伤老伤存在同一侧面,损失连贯性差有明显断痕。

(2) 反光镜为车身最外沿,事故碰擦为电线杆,碰撞为平面接触,事故发生车身最高处未损坏,违反碰撞常理。

(3) 事故碰擦发生时驾驶员未对车辆采取有效措施,违反操作常理。

(4) 被保险人存在故意行为。

案例 3-15　欺诈案件 2

1. 案例概述

2013 年 4 月 22 日 15 时驾驶员黄某报案称:2013 年 4 月 22 日 14 时 30 分许其驾驶

标的车行驶至上海市杨浦区平凉路时不慎发生碰石柱的事故,造成标的车右前部受损。保险公司随即安排查勘定损人员进行现场查勘。案件基本信息如图3-50所示。

报案号		归档号	
出险时间	2013-04-22 14:30	报案时间	2013-04-22 15:00
保单基本信息			
被保险人	黄	被保险人证件号码	
商业保单号		商业保单保险期限	2012-07-13 零时起 2013-06-29 二十四时止
交强保单号		交强保单保险期限	
商业险报案确认码		商业险结案确认码	
交强险报案确认码		交强险结案确认码	
车辆基本信息			
厂牌车型	梅赛德斯-奔驰BJ7181VF轿车	行驶证车主	黄
发动机号	80	车架号	LE4
出险信息			
出险地点	上海市 杨浦区 平凉路		
出险描述	撞到石柱子		

图3-50 案件基本信息

2. 处理过程

根据现场照片分析,本次事故地点为小区内路段(如图3-51和图3-52所示),且较狭窄,且比较复杂,标的车行驶速度不应过快。碰撞后损失与现场石墩不相符,前杠三处断裂痕迹并非一次事故造成,标的车前杠存在旧损。右前大灯灯脚断裂处覆满灰尘,痕迹不新鲜,因而不排除本次事故为虚假的可能,存在故意碰撞的嫌疑。标的车受损部位的照片如图3-53和图3-54所示,标的车复位照片如图3-35和图3-56所示。

图3-51 标的车照片

随后保险公司通过其他途径了解到标的车于2013年4月19日11时40分许(本次事故发生3天前)在上海市杨浦区锦西路苏家屯路段发生两车事故,标的车损失情况与本次事故受损情况基本一致。在与黄某多次进行沟通后,最终黄某承认,标的车曾发生过一次事故,为获得更多赔偿,便通过修理厂配合,制造了本次事故,同意本案进行销案处理。

图 3-52　事故现场照片

图 3-53　标的车受损部位照片 1

图 3-54　标的车受损部位照片 2

图 3-55　标的车复位照片 1

图 3-56　标的车复位照片 2

3. 案例点评

(1) 现场痕迹对比高度是否一致、车辆损失碎片现场的残留物。
(2) 损坏配件新旧程度对比。
(3) 住宅小区内部道路狭小,车速及车辆停车位置违反正常操作。
(4) 需要比较历史出险,核实历史信息,对比损失痕迹。
(5) 被保险人存在故意行为。

案例 3-16　欺诈案件 3

1. 案例概述

2014 年 4 月 29 日保险公司接被保险人王某报案电话称,其驾驶标的车在河北省保定市发生单车碰撞电线杆事故,造成标的车后部损坏。

2. 处理过程

保险公司在审核本案现场照片时发现本案事故现场地域环境空旷,倒车撞击可能性小,事故现场人员稀少,如图 3-57 和图 3-58 所示;从碰撞痕迹来看,碰撞力度较大,倒车车速应很快,不符合驾驶常识;标的车尾部旧损较多,部分受损处带有灰尘(如图 3-59～图 3-62 所示)。

图 3-57　事故现场照片 1

图 3-58　事故现场照片 2

图 3-59　标的车碰撞部位

图 3-60　标的车损坏部位照片 1

图 3-61　标的车损坏部位照片 2

图 3-62　标的车损坏部位照片 3

现场情况与报案信息不符,且多处受损非本次事故造成,最终做拒赔处理。本案查勘意见如图 3-63 所示,拒赔处理意见如图 3-64 所示。

图 3-63 查勘意见

图 3-64 本案拒赔处理

3. 案例点评

(1) 标的车辆老伤严重,新旧损坏痕迹差异较大。
(2) 标的事故损坏非一次性造成,存在多次碰撞情况。
(3) 现场照片中无散落物。
(4) 事故现场相对空旷,无任何突发状况发生,存在人为故意行为。

 案例 3-17　欺诈案件 4

1. 案例概述

被保险人李某于 2014 年 3 月 6 日报案称,其驾驶标的车在大连甘井子区发生两车相撞事故,事故造成两车车损。

2. 处理过程

保险公司到现场查勘,标的车照片如图 3-65 所示,标的车受损部位照片如图 3-66~图 3-68 所示。发现本案标的车损伤不连贯,有非本次事故的痕迹,三者车身有明显人为扩损痕迹(像用类似粉笔擦的)且两车身价相差较大,三者车照片如图 3-69 所示,三者车受损照片如图 3-70~图 3-72 所示。

图 3-65　标的车现场照片

图 3-66　标的车受损部位照片 1

图 3-67　标的车受损部位照片 2

图 3-68　标的车受损部位照片 3

图 3-69　三者车照片

图 3-70　三者车受损部位照片 1

图 3-71　三者车受损部位照片 2

图 3-72　三者车受损部位照片 3

根据以上几个疑点,保险公司将此案移交刑侦大队请求协助调查,通过各方努力,被保险人终于承认伪造现场扩大损失的事实,并签署了书面放弃索赔材料。本案查勘意见如图 3-73 所示,拒赔处理意见如图 3-74 所示。

图 3-73　查勘意见

3. 案例点评

(1) 损失痕迹附着物凌乱。

(2) 标的车及三者车辆损失高度不一致。

(3) 两车碰擦无明显变形,车门饰条未损坏,损失人为加工痕迹明显。

(4) 必要情况借助第三方力量进行事故核实。

模块 3 车辆保险案例分析

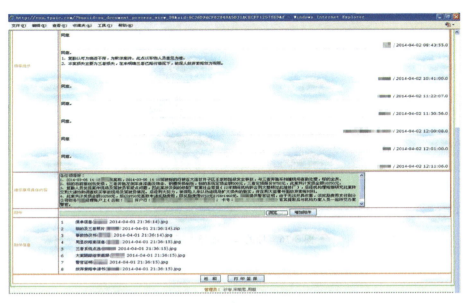

图 3-74 本案拒赔处理

案例 3-18 欺诈案件 5

1. 案例概述

被保险人王某于 2014 年 4 月 18 日报案称,其驾驶标的车在北京市朝阳区不慎碰撞三者车,造成两车车损。

2. 处理过程

保险公司审核案件中发现,两车碰撞位置不符,有人为拼凑的嫌疑。

随后保险公司调查人员对事故车辆进行了复位,两车复位照片如图 3-75 所示。发现由于案发道路路面较窄,两车无法还原碰撞时的角度,事故碰撞痕迹有疑问,如图 3-76~图 3-82 所示。在与被保人进行沟通后,被保险人同意销案。本案件查勘意见如图 3-83 所示,被保险人员放弃索赔记录如图 3-84 所示。

图 3-75 两车复位照片

图 3-76　标的车受损部位照片 1

图 3-77　两车受损部位比对照片

图 3-78　标的车受损部位照片 2

图 3-79　三者车受损部位照片 1

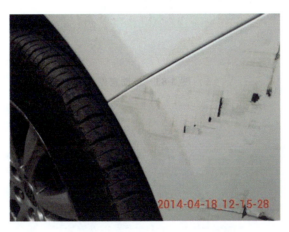

图 3-80　三者车受损部位照片 2

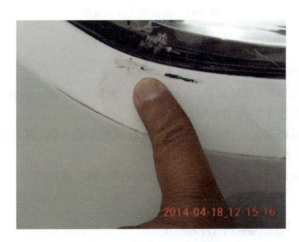

图 3-81　三者车受损部位照片 3

图 3-82 三者车受损部位照片 4

图 3-83 查勘意见

图 3-84 被保险人放弃索赔

3. 案例点评

现场的欺诈案件主要有以下几个特点。

（1）非被保险人驾车，现场偏僻，现场行人、车辆较少，附近无摄像头。

（2）现场地面事故车辆无明显制动痕迹。

（3）车身有明显旧损。核损退回后查勘员有可能会做免赔、打折赔付、剔除旧损等严重事故，夜间出险偏多。

（4）单方事故现场，碰撞物上有多车剐碰的油漆，如限宽墩等。

案例 3-19 套件拼凑 1

1. 案例概述

2013 年 7 月 3 日，刘某驾驶标的车在陕西省咸阳市秦都区地岗村停放受损，导致标的车左前受损,三者逃离现场的事故。事故发生后,刘某向保险公司进行了报案。

2. 处理过程

保险公司在现场查勘后,对比历史出险记录,发现标的车在 2013 年 4 月 27 日发生单车事故。2013 年 7 月 3 日标的车受损照片和标的车定损明细如图 3-85～图 3-87 所示,标的车行驶证如图 3-88 所示。2013 年 4 月 27 日标的车驾驶员的驾驶证如图 3-89 所示,出险案件详情,事故受损部位照片如图 3-90～图 3-92 所示,历史出险记录如图 3-93 所示。经核对,两次事故损失基本一致,有套用原损失配件的嫌疑。

图 3-85　标的车受损照片 1

图 3-86　标的车受损照片 2

图 3-87 标的车定损明细

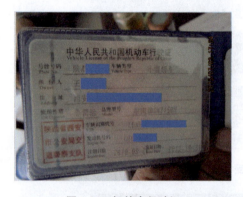

图 3-88 标的车行驶证

图 3-89 标的车驾驶员的驾驶证

图 3-90 标的车 4 月 27 日出险案件详情

图 3-91　标的车 4 月 27 日事故现场照片 1

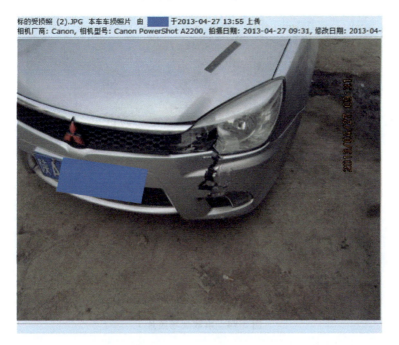

图 3-92　标的车 4 月 27 日事故受损部位照片 2

图 3-93　标的车历史出险记录

3. 案例点评

(1) 复勘事故现场,了解周边环境,走访现场目击证人。
(2) 认真了解报案情况,比对历史出险记录。
(3) 需对当事人做好询问笔录,固定证据。
(4) 被保险人与事故车维修单位存在故意制造保险事故造假行为。

案例 3-20　套件拼凑 2

1. 案例概述

2013 年 7 月 13 日,驾驶员肖某报案称其驾驶标的车在湖北省武汉市洪山区南浦花园行驶时撞路边隔离桩,造成标的车受损的单方事故。

2. 处理过程

查勘人员在事故现场对标的车进行拍照时(如图 3-94 和图 3-95 所示),发现标的车右大灯不亮,经检查,发现右大灯灯泡缺失(如图 3-96 所示),事故碰撞痕迹有疑,且出险驾驶员非被保险人本人,如图 3-97 所示。

图 3-94　事故现场照片 1

在进一步核对标的车历史出险记录时,查勘人员发现,标的车曾在 7 月 11 日发生保险事故(如图 3-98～图 3-102 所示),经后期核实,本事故为修理厂利用套件,故意制造保险事故,且被保险人并不认识事故驾驶员,对事故毫不知情。本案最终拒赔处理。

3. 案例点评

(1) 事故驾驶员为修理厂维修人员,非被保险人指定驾驶员。

图 3-95　事故现场照片 2

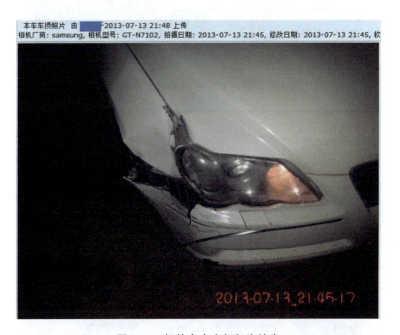

图 3-96　标的车右大灯灯泡缺失

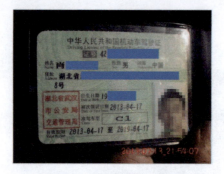

图 3-97　出险驾驶员驾驶证

图 3-98　标的车 7 月 11 日出险事故照片

图 3-99　标的车 7 月 11 日受损部位照片 1

图 3-100　标的车 7 月 11 日受损部位照片 2

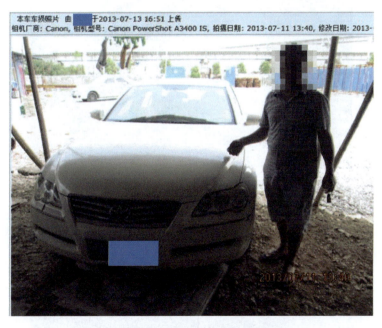

图 3-101　标的车 7 月 11 日受损部位照片 3

图 3-102　标的车历史出险记录

（2）由于车辆正常维修周期较短，修理厂利用在修车辆短时间内制造多起保险事故谋求不当利益。

（3）事故发生地为偏僻无人道路，故意避开道路监控及目击证人。

案例 3-21　套件拼凑 3

1. 案例概述

2013 年 10 月 10 日，保险驾驶员黄某驾驶标的车在上海市青浦区罗家新区行驶时撞墙角，造成标的车受损的单方事故。随后黄某向保险公司进行了报案。

2. 处理过程

查勘人员在现场复勘时（如图 3-103 和图 3-104 所示），发现标的车右前雷达缺失。同时，经核对历史出险信息，查到标的车曾在 2013 年 9 月 27 日发生单车事故（如图 3-105～图 3-107 所示），损失部位与本次事故一致，有套用原损失配件嫌疑。

图 3-103　查勘人员人车合影

图 3-104　事故现场照片

模块 3 车辆保险案例分析

图 3-105　标的车历史出险记录

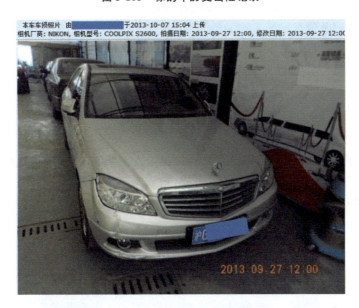

图 3-106　标的车 9 月 27 日受损照片 1

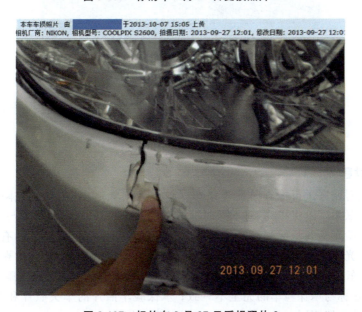

图 3-107　标的车 9 月 27 日受损照片 2

在与被保人进行沟通后,被保险人同意销案。

3. 案例点评

套件拼凑案件指发生事故后现场异常及标的车、三者车辆受损部位配件陈旧的现场案件。表现形式为修理厂及被保险人、驾驶员以骗取保险金为目的,购买寻找一些昂贵旧件来拼凑现场。该类案件的主要特点有:

(1) 现场偏僻无人经过路段,时间段大部分为晚上。
(2) 受损部位离上次出险或保养时间较短。
(3) 车型大部位为中高端车型,更换配件较贵。
(4) 配件陈旧及带有旧损。
(5) 标的车为过户二手车辆较多。

案例 3-22　先险后保

1. 案例概述

2013年9月6日23:50,保险公司接到被保险人王某的报案,称其驾驶标的车辆在行驶到肇庆市禄步与德庆交界处发生追尾事故,造成本车前驾驶室损坏、三者车尾损坏,两车车损严重,如图3-108~图3-111所示。

图 3-108　出险车辆 1

2. 处理过程

保险公司对赔案进行检查时发现该车保单生效5天后出险,存在先险后保的嫌疑。查勘人员马上联系了承保机构,对承保时标的车的验车照片进行调取,并与事故车辆进行比对。发现出险车辆与承保验车照片显示非同一辆车:出险车辆车厢贴有反光条,承保验车照片无反光条;出险车辆副驾驶室车门和玻璃贴有喜洋洋的褪色的贴标,承保验车照片无;出险车辆左前大灯下侧有黄色老鹰贴标,承保验车照片上无;出险车辆的前风挡审车、保险等贴标与承保验车的完全不一致;承保验车照片的车头照片和车位照片拍摄时,车辆停放的位置不同;事故现场无碰撞碎片和碰撞痕迹。

图 3-109　出险车辆 2

图 3-110　验车照片 1

图 3-111　验车照片 2

在掌握了充分证据的情况下,查勘人员又再次面见被保险人,并对当事人做了详细的询问笔录。最后,该案被保险人同意放弃索赔,并签署放弃索赔声明。

3. 案例点评

先险后保是指汽车出险时投保人尚未投保,出险后赶快投保,然后利用一定的手段,伪装成合同期内出险,达到获取汽车保险赔款的目的。

先险后保案件主要采用的手段有两种:

(1) 伪造出险日期。一般通过人际关系,由有关单位出具假证明,或伪造、变造事故证明,待投保后再按正常程序向保险人报案索赔。这类案件保险人即使去现场复勘,若不深入调查了解则很难察觉。

(2) 伪造保险日期。一般是投保人串通保险签单人员,内外勾结,利用"倒签单"的手法,将起保日期提前。有的车辆在到期脱保后要求保险人按上年保单终止日续保也属此类。

无论采取何种手段,先险后保案件有一个明显的特点——出险日期临近起保时间。因此,对两个时间比较接近的保险案件应当警惕。

案例 3-23　套牌车

1. 案例概述

2013年8月25日2:16,当事人王某驾驶标的车,行驶到荣乌高速昌邑段时碰撞护栏,造成车辆和三者损失,损失合计11万余元。事故发生后,王某随即向保险公司进行报案。

2. 处理过程

保险公司在对赔案检查时发现该案承保验车车架号和出险标的车架号明显不一致,如图3-112和图3-113所示。

图 3-112　出险验车车架号

从图3-112和图3-113可以明显看出车架号字体不同,特别是V字母明显不一致。经多次与被保险人沟通,阐明利害关系,最终被保险人在拒赔确认书上签字,放弃索赔。

图 3-113　承保验车车架号

3. 案例点评

（1）对比历史出险照片，对比 17 位车架号车身位置。

（2）对比原车辆承保时拍摄的外观照，识别是否是原标的车辆。

（3）货车查勘时需认真比较核实车辆相关信息，现营业性货车套牌情况严重。

案例 3-24　多次出险案件涉嫌套牌

1. 案例概述

保险公司分别在 2013 年 1 月 9 日、13 日接到被保险人李某报案，称标的车分别在 9 日和 13 日发生事故，损失分别为 2 000 元和 3 500 元。保险公司在接到报案后分别派查勘人员进行现场查勘。

2. 处理过程

在对赔案进行检查时发现，9 日和 13 日出险标的车后部明显不符。9 日出险时的车辆如图 3-114 所示，13 日出险时的车辆如图 3-115 所示。

图 3-114　9 日的出险车辆

图 3-115　13 日的出险车辆

(1) 后排气管新旧不符(13 日的出险更换项目是排气管前段,不牵扯后段);
(2) 后备厢右侧在 13 日出险有 2.0 字样,而 9 日无;
(3) 后备厢在 9 日有亮条,而 13 日无亮条;
(4) 9 日的出险标的车后挡风玻璃太阳膜明显比 13 日的车险车辆颜色要暗。

在与被保险人充分沟通的情况下,本案最终以被保险人撤案处理。

3. 案例点评

套牌车,俗称克隆车,是指通过伪造或者非法套取其他车辆号牌及行驶证等手续上路行驶的车辆。通常表现为使用伪造、变造的机动车号牌、使用其他车辆的机动车号牌、使用欺骗、贿赂手段取得机动车号牌的机动车。

套牌车在保险理赔时一般分为两种情况。

(1) 自愿被套牌的车辆

在发生交通事故后,实际车主会配合套牌人向保险公司要求理赔,是一种常见的骗保行为。

(2) 非自愿情况下的套牌车辆

发生交通违法情况时,套牌车应承担的责任被转嫁给了实际车主。而实际车主无法马上证明自己被套牌的事实,需要花费大量时间和金钱。

需要指出的是,套牌车危害巨大,需要加大对套牌行为的打击力度。车辆套牌将可能面临行政及刑事处罚。

根据《中华人民共和国道路交通安全法》的规定:"任何单位或者个人不得伪造、变造或者使用伪造、变造的机动车登记证书、号牌、行驶证、检验合格标志、保险标志。如有上述行为的,应由公安机关交通管理部门予以收缴,扣留该机动车,扣 12 分,处十五日以下拘留,并处二千元以上五千元以下罚款;构成犯罪的,还应依法追究刑事责任";我国《刑法》第二百八十条规定:"伪造、变造、买卖或者盗窃、抢夺、毁灭国家机关的公文、证件、印章的,处三年以下有期徒刑、拘役、管制或者剥夺政治权利;情节严重的,处三年以上十年以下有期徒刑。"《刑法》第二百八十一条规定:"非法生产、买卖人民警察制式服装、车辆号牌等专用标志、警械,情节严重的,处三年以下有期徒刑、拘役或者管制,并处或者单处罚金。"

案例 3-25　现场痕迹存疑案件 1

1. 案例概述

2013 年 12 月,保险公司接到被保险人张某的报案,称其驾驶标的车行驶在盘山路上,不慎坠落山下,驾驶员跳车后受轻伤。保险公司接到报案后立即安排查勘人员进行现场查勘。

2. 处理过程

查勘人员在现场查勘时发现案件存在以下几个疑点,事故现场如图 3-116~图 3-119 所示。

图 3-116　事故现场 1

图 3-117　事故现场 2

图 3-118　事故现场 3

图 3-119　事故现场 4

（1）现场地面油迹有人为泼洒迹象。
（2）坠落沿途山体没有明显碰撞痕迹。
（3）借助向外冲的惯性，坠落着地点应当距离山体一段距离，而不是在垂直山体脚下。
（4）现场照片反映左前门处于关闭状态，损失不严重，如果驾驶员跳车，左前车门势必打开，在撞击翻滚中车门框容易发生明显变形。

后经查实，本案为虚假现场案件，保险公司做拒赔处理。

3. 案例点评

（1）人员受伤情况与实际车辆受损情况是否相符。
（2）机油洒落量已经明显超过发动机本身升数，并且是有规律洒落。
（3）老旧车辆故意制造保险事故。

案例 3-26　现场痕迹存疑案件 2

1. 案例概述

2013 年 10 月 25 日，被保险人蒋某向保险公司报案，称其驾驶标的车行驶过程中与三者奥迪车发生追尾事故，事故造成两车车损，保险公司随即安排人员进行查勘。

2. 处理过程

在案件处理过程中，查勘人员发现两车的追尾痕迹大体相符，但一些细节的部位痕迹不符，如图 3-120 和图 3-121 所示。

图 3-120　标的车

图 3-121　三者车

随后,查勘人员对标的车历史案件信息进行了核对,发现三者车驾驶员(如图 3-122 所示)与历史事故的三者车驾驶员(如图 3-123 所示)为同一人,案件存在故意制造事故的嫌疑。

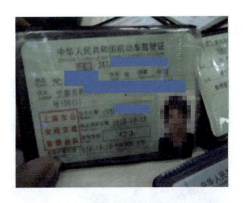

图 3-122　本次事故三者驾驶员驾驶证

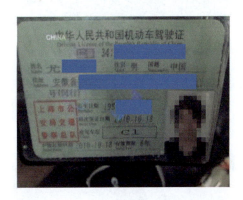

图 3-123　三者车历史案件三者驾驶员驾驶证

在进一步对当事人做询问笔录,发现笔录内容与实际情况有偏差,当事人不能合理解释。最后保险公司认定该案为故意制造事故,拒赔处理。

3. 案例点评

（1）对比历史案件信息，核对有效证件。

（2）不同事故车辆，驾驶人员相同实际发生概率很小。

（3）修理厂因有效人员较少，制造保险事故较多以后，无法识别标的车及三者车辆是否套用过驾驶员信息。

案例 3-27　现场痕迹存疑案件 3

1. 案例概述

2013 年 1 月 27 日，保险公司接到被保险人余某报案称，其在驾驶标的车行驶过程中不慎撞上路边石块，事故造成标的车前部受损，保险公司随即安排查勘人员进行现场查勘。

2. 处理过程

查勘人员在现场查勘时发现，事故现场地域空旷，标的车碰撞石头的原因和过程不太符合常理。现场也没有见到损坏件散落的碎片，如图 3-124 和图 3-125 所示。

图 3-124　事故现场照片 1

图 3-125　事故现场照片 2

随后,查勘人员对标的的历史损失记录进行了核对,发现本次事故损失痕迹(如图3-126所示)与历史事故的损失痕迹(如图3-127所示)相同,案件存在套件后故意碰撞的嫌疑。

图 3-126　标的车本次事故受损部位

图 3-127　标的车历史事故受损部位

查勘人员在对案件进一步调查后发现,本案的被保险人及维修单位均为 4S 店,驾驶员为 4S 店员工,具备作案条件。最后,本案被认定为利用套件制造事故,拒赔处理。

3. 案例点评

（1）道路情况良好,直行直角碰撞路边石块,违反正常驾驶行为。
（2）正面碰撞车辆牌照未发生损坏,前保损坏严重,违反物理碰撞常识。
（3）现在查勘路面无轮胎甩尾及石块碰撞痕迹。
（4）驾驶员非被保险人认识人员。

案例 3-28　现场痕迹存疑案件 4

1. 案例概述

2014 年 12 月 27 日,被保险人张某向保险公司报案,其驾驶标的车在回家途中与三者车正面相撞,事故造成两车车损。保险公司在接到报案后立即派查勘人员进行现场查勘。

2. 处理过程

查勘人员在对现场查勘后发现,本案现场损坏件的散落物不足,地面碎片面积小于车上缺损面积(如图3-128和图3-129所示)。三者车引擎盖上的褶皱成因不明。同时标的车引擎盖的损失痕迹在三者车上没有对应点(见图3-130和图3-131所示)。

图3-128　事故现场照片

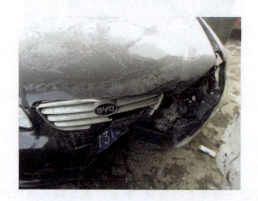

图3-129　标的车受损照片1

图3-130　标的车受损照片2

模块 3　车辆保险案例分析

图 3-131　三者车受损照片

查勘人员对标的车驾驶员作了询问笔录,但在约见三者车驾驶员时,三者车驾驶员不予配合。结合上述几个疑点,本案认定为摆放现场事故,在和被保险人沟通后,被保险人最终放弃索赔。

3. 案例点评

(1) 出险路面相对较宽,路面条件良好,车辆应遵照交通法规靠右行驶原则。

(2) 双方驾驶员未在事故发生时采取有效避险措施,违反常理。

(3) 事故发生当事人员逃避案件处理,既然需要保险理赔为何不积极配合处理。

(4) 查勘时注意事故发生前两车辆状态、行驶路线、人员情况、电话通话等。

 思考与分析

1. 未年检车辆的索赔案例分析

(1) 案例概述

何某 2013 年年底买了一辆本田思域。2014 年年底何某去国外旅行了一段时间,回到家后发现自己的车辆不翼而飞,何某赶快拨通了保险公司的电话报案,但得到的答复是保险公司拒绝赔付,何某一气之下投诉了保险公司。

(2) 处理过程

后经何某与保险专员沟通了解到,在保险合同中明文规定规定:保险公司只维护合格车辆的正当权益,对于未年检的车辆只能视为不合格车辆。那么何某的车自然是属于不合格车辆。

(3) 试对该案例进行点评。

2. 未上牌车辆的索赔案例分析

(1) 案例概述

张某于 2014 年 12 月 2 日买了一辆本田思域,12 月 6 日与 4S 店销售顾问约好当天要上牌正式提车,但在张某赶往 4S 店上牌的途中与一辆面包车追尾,张某立刻拨打了保险公司的电话,保险公司到现场后给张某的答复却是拒绝索赔,理由是张某车辆无临时牌照。张某对此非常不理解,随即投诉了保险公司和4S店。

(2)处理过程

张某不仅投诉了保险公司,并且投诉了4S店。4S店销售负责人接到张某的投诉后立即赶到事故现场,并对整个事件的经过进行了详细的了解。经了解,张某2日提车时,4S店已经提供了临时牌照给张某,到6日临时牌照已经过期。在整个事件发生的过程中4S店和客户均有责任,后与客户协商,整个维修费用4S店和客户各承担50%。

(3)试对该案例进行点评。

模块 4

汽车配件销售投诉案例分析

1. 知识目标
(1) 能描述汽车配件销售投诉案例的处理流程；
(2) 能说明处理汽车配件销售投诉时引用的《产品质量法》《机动车维修管理办法》等法律法规的主要内容。

2. 能力目标
(1) 结合汽车配件投诉案例能够查阅汽车法律法规相关条例；
(2) 学会运用法律法规条款正确处置客户对汽车配件销售的投诉。

案例 4-1　要求赔付或修理倒车雷达和后保险杠的投诉

1. 案例概述

消费者周先生购买了一辆经济型轿车,考虑到行车安全和便捷,周先生前往某汽配经销店购买并安装了一台倒车雷达,保修期为三年。此后两年,该车一直运行良好。然而,2015年1月,该车的倒车雷达却无故失灵,对车后的一根横斜电线杆没有显示,致使周先生在倒车时将后保险杠剐蹭开裂。事发之后,周先生随即到该汽配经销店,说明事发经过,要求对方赔付或者修理倒车雷达和后保险杠。但对方公司同意只负责修理和更换坏掉的倒车雷达,对倒车雷达故障导致的后保险杠损坏则不予负责。

2. 处理过程

周先生在多方协商未果情况下,向上海经贸仲裁中心仲裁业务三部投诉。经查证,该倒车雷达确实存在质量问题。在专家协调下,汽配经销店愿意承担维修保险杠的1 000元费用。

3. 案例点评

倒车雷达是比较特殊的产品,因为一般的产品在损坏后,只要恢复到可使用状态就可以了。而倒车雷达的故障会引发车子的损坏,甚至损害到驾乘人员的生命安全,所以这类产品引发的损失,生产厂方和经销商要承担相应的责任。

在这个案例中,因为消费者车上的倒车雷达是后来选配的,可以视为改装件,而汽车生产商对改装件是不认可的,因此不予负责。但是,这个倒车雷达是经销商代理销售的,因此经销商要对该产品负责。经销商应在消费者的合理要求范围内,对消费者进行赔偿。至于经销商,他们可以向倒车雷达的生产厂商索赔。

消费者之所以选购倒车雷达,就是为了避免因倒车时的视野盲区而产生损害。此案中,倒车雷达没有发挥它应有的作用,可以视为缺陷产品。根据《中华人民共和国产品质量法》第四十三条规定,消费者可以向产品的生产者索赔,也可以向销售者索赔。向谁索赔的权利掌握在消费者的手里,被追究的一方不得推诿责任。

案例 4-2　有关隔热膜质量的投诉

1. 案例概述

2015年3月3日,张先生在某汽车美容装潢店替自己的爱车贴了一层雷朋隔热膜。美容装潢店的员工告诉张先生,如果隔热膜三天内出现气泡,希望及时去抽气,消除气泡。两个星期后张先生发现气泡,便开车到美容装潢店,希望解决问题。但维修人员发现汽车隔热膜的气泡不能消除,认为主要原因是张先生不能按时进行抽调空气,因此拒绝对隔热膜进行修复。

模块4 汽车配件销售投诉案例分析

2. 处理过程

张先生向上海经贸仲裁中心仲裁业务三部投诉该汽车美容装潢店以及出具质量保证书和发票的××汽车装饰有限公司。经雷朋隔热膜厂家鉴定,张先生汽车前玻璃为真膜,其余的门窗和汽车后玻璃贴的均为假膜。经过专家调解,该汽车美容装潢店答应赔给消费者张先生600元,并对自己产品出现的问题进行道歉。

3. 案例点评

汽车美容装潢在机动车维修法规里面属于专项维修,是汽车维修的一种。《机动车维修管理规定》都有明确的处罚规定,执行上也有法律效应。

按照《机动车维修管理规定》相关条款:"机动车维修经营者使用假冒伪劣配件维修机动车,由县级以上道路运输管理机构责令改正,并没收假冒伪劣配件,有违法所得的,予以没收并处违法所得2倍以上10倍以下的罚款;没有违法所得或者违法所得不足1万元的,处2万元以上5万元以下的罚款;情节严重的,由原许可机关吊销其经营许可。"

本案中,该美容装潢店不仅服务技术不精,导致隔热膜出现气泡,同时还有以假充真的欺诈行为,应该对消费者作出赔付,并且接受相关处罚。

案例4-3 异地机油泵质量投诉

1. 案例概述

上海某汽车配件公司销售给安徽某汽配经销商一只2VQS机油泵,该经销商又将此机油泵销售给消费者冯先生。冯先生的车在行驶1 000多公里后,由于机油泵不能正常工作,导致发动机严重损坏。消费者向安徽地区经销商索赔5 200元修理费,商家拒绝,并表示应由上海地区经销商负责。

2. 处理过程

由于无法达成共识,冯先生向上海经贸仲裁中心仲裁业务三部投诉。经拆检发现,机油泵内有银白色金属杂质;轴瓦熔化,曲轴连杆轴孔变形堵塞。但由于该车机油和机油滤清器已丢失,因此无法对油泵是否存在质量问题进行鉴定。经过专家耐心地讲解后,三方经协商达成一致:5 200元修理费由上海汽配销售公司、安徽汽配销售公司、消费者冯先生三方平均分摊承担。

3. 案例点评

根据《机动车维修管理规定》相关条款:对机动车维修质量的责任认定需要进行技术分析和鉴定,且承修方和托修方共同要求道路运输管理机构出面协调的,道路运输管理机构应当组织专家组或者委托具有法定检测资格的检测机构作出技术分析和鉴定。鉴定费用由责任方承担。

汽配经销商在接到消费者投诉时,应对造成事故的相关部件妥善保存,并且在最短的时间内送往相关部门进行检测。消费者在行使过程中发觉有异响时,也应当立即停车送修理厂检查。

案例 4-4　假冒伪劣正时皮带的投诉处理

1. 案例概述

消费者李先生在某汽配城的一家汽配经销商处购得某进口品牌的依维柯正时皮带一条,单价 120 元,用于替换依维柯车的旧皮带。随后李先生开车去外地,行驶至江苏宜兴时,车辆出现故障,当即停驶,并通知依维柯 4S 店,维修人员立即前往宜兴,经拆卸后发现发动机严重受损,其他部件也有一定程度损坏。维修人员认为此次事故是因正时皮带的断裂造成的。李先生要求汽配经销商赔偿发动机以及其他受损配件的材料费、人工费共计 18 000 余元。

2. 处理过程

由于无法分清责任,李先生向上海经贸仲裁中心仲裁业务三部投诉。经专家鉴定,该正时皮带是假冒伪劣产品。正时皮带存在质量问题出现断裂是发动机报废的直接原因,但有些配件的损坏是原本使用导致的,不属于责任范围。经协商,汽配经销商赔偿消费者 12 000 余元。

3. 案例点评

由于正时皮带存在质量问题,根据《中华人民共和国产品质量法》相关规定,消费者可以向产品的生产者索赔,也可以向销售者索赔。属于产品的生产者的责任,产品的销售者赔偿的,产品的销售者有权向产品的生产者追偿。

从汽配经销商进货发票来看,该产品是以原厂价格进货,因此经销商不存在知假售假的可能性,也是被上家所骗。由于该正时皮带是库存产品,无法追溯其来源。

汽配经销商一般以进货价格来判断产品的真伪,但由于仿制程度越来越高,用肉眼辨别其真伪确实有一定的难度。因此,汽配经销商在进货过程中要向对方索取产品合格证、三包证书等相关证明,进口件还须海关单、税单证明,同时在合同和发票上注明品名和产地。消费者同样也需注意产品的有关证明,以防买到假货。

案例 4-5　换装离合器造成烧毁的投诉处理

1. 案例概述

2014 年 7 月 26 日,消费者郑先生驾驶一辆金杯面包车时发现,汽车在起步时,离合器踏板抬得很高才能勉强起步;行驶中加速时,车速却不能随之提高。该车总行驶里程为 6 万多公里。车主将车开至修理厂,修理工经检查拆检后告知车主,需更换离合器片、分离轴承、压板和拨叉等相关配件。车主便从附近的一家汽配商店按照其要求购买了与车型相匹配的某品牌的配件,并送到修理厂。修理工安装后,便将车交给了消费者郑先生。郑先生试车后发现离合器非常紧,分离不彻底。修理工试车后称这属于正常现象,磨合一段时间就好了。郑先生便将车开走了。7月29日,郑先生在高架路上正常行驶时,离合器突然咬死,险些发生车祸。车被拖至修理厂后,修理工看了一眼就说,你这车只有两种可能,一是驾驶员操作不当,造成离合器烧毁,否则就是郑先生购买的汽车配件有质量问题,与修理厂无关。接着郑先生又去了汽配店进行交涉,其销售人员说配件肯定没有质量问题,应该是修理厂安装不当造成的。

2. 处理过程

由于当事三方各执一词,无法分清是谁的责任,便请求上海经贸仲裁中心仲裁业务三部进行仲裁。专家从现场勘查后发现,面片及压盘上有强热后的蓝色,同时闻到强烈的灼焦味。这是因为安装了新的从动盘后(新从动盘厚),膜片簧分离指端将更靠近飞轮侧,而调整离合器分离间隙时,分泵内腔一段已被制动液腐蚀,活塞会受阻不能回,从而使分离机构与离合器处于半结合状态,离合器半接合状态将产生大量的热,致使膜片簧的压力不足,最终引起面片破裂。经检查,相关配件不存在质量问题。

由于修理工没有根据安装新从动盘的厚度情况调整自由行程,致使压盘侧面片破裂,是导致此次事故的直接原因,应负主要责任。车主在行驶时长时间拧离合器,在操作上也存在问题,负次要责任。

3. 案例点评

根据《机动车维修管理规定》相关条款:"汽车和危险货物运输车辆整车修理或者总成修理质量保证期为车辆行驶 20 000km 或 100 日;二级维护质量保证期为车辆行驶 5 000km 或者 30 日;一级维护、小修及专项修理质量保证期为车辆行驶 2 000km 或者 10 日"。

离合器损坏的事故常有发生,由于大多数情况下,离合器片被烧毁,因此给责任界定带来一定难度。值得注意的是,驾驶者的驾驶习惯往往会导致此类故障的发生,提醒广大驾驶员平稳驾车。

案例 4-6　新轮胎漏气的投诉处理

1. 案例概述

消费者宋先生于2014年8月8日为自己的旅游车购置了某品牌的两个新轮胎。9月8日,在去杭州的高速路上,其中一个轮胎出现漏气,当驾驶员发觉时紧急制动,车上的一位乘客因车辆惯性而撞到硬物受了轻伤。为了弄明白漏气原因,回到上海后,宋先生找了出售轮胎的经销商。经销商却认为,他们的轮胎质量很好,一定是行驶过程中碰到了什么硬东西。"当时的速度也就是80多公里,路上也没有什么异物。车上的乘客可以作证!"宋先生说。经销处的工作人员声称轮胎质量有问题,必须要"质量检测报告"来证明。

2. 处理过程

由于当事双方各执一词,便请求上海经贸仲裁中心仲裁业务三部进行仲裁。后经专家进行现场拍照、测量后发现,其轮胎侧面字母 RADIAL 中的字母 I 处的右上角位置出现了一个肉眼看不到的小孔,是导致漏气的主要原因,但轮胎字母及其周围并无任何摩擦的痕迹。此案轮胎的损坏属于"轮胎在使用过程中,遇路面尖锐物,造成胎侧面刺穿引起轮胎漏气",不属于轮胎质量问题,因此消费者宋先生应承担所有责任。

3. 案例点评

根据中国橡胶工业协会轮胎分会《汽车轮胎理赔工作管理办法》,属于制造质量问题的有以下几项。

(1) 外胎

① 因各部位黏合不牢引起的冠空、肩空、肩泡、侧空、侧泡、脱接头、脱层;

② 因轮圈钢丝松散、露铜、与橡胶黏合不牢,或两胎圈严重错位,引起的趾口空、趾口爆;

③ 因帘线排列稀开,充气后引起的肩鼓、侧鼓;

④ 因缺胶引起的胎侧裂口、胎里帘线外露;

⑤ 因设计、配方、工艺等原因,引起的冠露丝、胎面胶起层、花纹园角、花纹沟基部周向开裂、趾口裂;

⑥ 因轮胎欠硫引起的胎面早期严重磨损;

⑦ 胎内有杂质。

(2) 内胎

① 新内胎有砂眼慢漏气;

② 接头脱开、打折;

③ 气门嘴胶垫和内胎胎身脱开。

(3) 垫带

① 气泡、杂质或缺胶,缺陷部位超标的;

② 厚薄不均;

③ 欠硫。

案例 4-7　涡轮增压器质量投诉处理

1. 案例概述

消费者秦先生于 2014 年 10 月 3 日因汽车故障,在某修理厂更换了某品牌的废弃涡轮增压器一个。12 月 7 日,秦先生发现机油消耗量大,排气冒蓝烟,但动力不下降,便又把车开回修理厂。经修理工检查,发现是涡轮增压器漏油,而机油通过发动机进气管进入燃烧室被烧掉,造成上述故障现象。秦先生觉得这么短时间涡轮增压器就漏油了,其质量肯定存在问题,便要求修理厂免费更换一个新的涡轮增压器,并赔偿其误工费。而修理厂向供货方——该涡轮增压器的经销商索赔,要求其赔偿修理厂损失和人工费。但经销商认为涡轮增压器没有问题,一定是修理厂安装不当,因此不承担任何责任。

2. 处理过程

由于三方无法就事故责任达成一致,便请求上海经贸仲裁中心仲裁业务三部进行仲裁。专家进行现场拆检后发现,涡轮增压器内有金属杂质,从而造成涡轮增压器密封环磨损失效。压气机端O形密封圈失去应有的封油作用,直接导致向压气机壳内泄漏润滑机油。由于涡轮增压器管道内部不光滑,存在毛刺,而涡轮增压器内的金属杂质就是这些毛刺在涡轮增压器运转时脱落下来的。所以该品牌的涡轮增压器存在明显的质量问题,且涡轮增压器是按照规定进行安装的,因此该品牌涡轮增压器的经销商负全部责任。

3. 案例点评

由于涡轮增压器存在明显的质量问题,根据《产品质量法》相关规定,消费者可以向产品的生产者索赔,也可以向销售者索赔。属于产品的生产者的责任,产品的销售者赔偿的,产品的销售者有权向产品的生产者追偿。

案例 4-8 劣质动力转向储油壶质量问题

1. 案例概述

消费者朱先生于2015年1月6日在驾驶自己的捷达GT轿车时发现,打转向过程中有"吱、吱"异响。而此前,由于该捷达GT转向助力系统元件中助力油储油壶漏油,朱先生曾经在某修理厂更换了一个新的助力油储油壶,但之后就出现该故障。朱先生又来到修理厂,认为是修理工安装不当而造成了异响,便要求修理厂重新更换整个转向助力系统。然而经修理厂修理人员拆检后,他们认定是助力油储油壶质量存在问题,消费者应当向该配件的经销商索赔。但经销商始终持不配合的态度,表示产品绝对没有质量问题。

2. 处理过程

三方争执不下,便请求上海经贸仲裁中心仲裁业务三部进行仲裁。专家进行现场拆检后发现,打转向过程中,由于劣质储油壶进油孔孔径小,造成转向机回油不畅,所以油压偏高,产生异响。比较原厂和更换下的储油壶,原厂油壶外观整齐,油孔孔径光滑平整,劣质储油壶外观不整,孔径略小而且有很多毛边。助力油储油壶存在严重的质量问题,因此该产品经销商负主要责任;修理厂在进货时没有严格把关,致使为用户更换了不合格的产品,也应承担相应的责任。

3. 案例点评

由于助力油储油壶存在明显的质量问题,根据《中华人民共和国产品质量法》相关规定,消费者可以向产品的生产者索赔,也可以向销售者索赔。属于产品的生产者的责任,产品的销售者赔偿的,产品的销售者有权向产品的生产者追偿。

案例 4-9 经销主机厂剩余配套产品是否侵权问题

1. 案例概述

汽车零部件生产企业A被主机厂B授权配套生产汽车配件,A为B年供货量为80万套,然而,A企业的实际年产量为100万套,并且所有产品上均标有主机厂B和企业

A 的注册商标。A 企业剩余的 20 万套在售后市场进行流通,汽配经销企业 C 是其中的销售商之一。汽配经销企业 C 的行为是否构成侵犯知识产权?

2. 处理过程

本案中,首先是要确认汽车零部件企业 A 生产的那 20 万套配件是否是被主机厂 B 授权使用其商标,并且是否可以在售后市场进行流通。假如企业 A 的那 20 万套是被授权使用主机厂 B 的注册商标,并且企业 A 可以自主销售的,那么汽配经销企业 C 的行为属于正常销售,不存在侵权。

假如,企业 A 未被授权的话,则需要分为两种情况:一是,汽配经销企业 C 不知道企业 A 的那 20 万套未被授权使用主机厂 B 的注册商标而进行销售的,如若能证明自己不知情,譬如企业 C 在与企业 A 的合同中有"企业 A 提供的产品已获得相应知识产权"这样的条款,则汽配经销企业 C 没有侵权行为,但是其销售的产品还是属于侵权产品,执法机关有权将其没收,汽配经销企业 C 则可以通过民事诉讼向企业 A 提出赔偿损失。二是,汽配经销商 C 明知汽车零部件生产企业 A 是无权销售标有商标的汽配产品的情况下,仍然购买销售的,汽配经销商 C 的行为就构成侵权,汽配经销商 C 除了要被没收所有侵权产品外,还将被处以行政罚款。

3. 案例点评

知识产权是智力劳动产生的成果所有权,它是依照各国法律赋予符合条件的著作者以及发明者或成果拥有者在一定期限内享有的独占权利。知识产权包括商标权,即商标注册人或权利继受人在法定期限内对注册商标依法享有的各种权利。《中华人民共和国商标法》规定,侵犯注册商标专用权的行为有:未经注册商标所有人的许可,在同一种商品或者类似商品上使用与其注册商标相同或者近似商标的;擅自制造或者销售他人注册商标标志的;给他人的注册商标专用权造成其他损害的,被侵权人可以要求工商行政管理部门或诉请法院处理,责令侵权人立即停止侵权行为,赔偿损失,对情节严重的可并处罚款。对直接责任人员,可由司法机关依法追究刑事责任。

案例 4-10 汽配经销商销售主机厂注册商标的配件产品是否侵权问题

1. 案例概述

企业 A 为主机厂 B 的授权 4S 店,汽配经销企业 C 通过企业 A 购入了标有主机厂 B 注册商标的配件产品,并在售后市场进行再次销售。汽配经销企业 C 的行为是否构成侵权知识产权?

2. 处理过程

本案中,首先要指出的是,根据 4S 店与主机厂签订的授权合同表明,目前国内的 4S 店中的销售配件的功能是指在其体系内为车辆服务时实施配件销售的行为,而不是对体系外进行配件销售。

假如汽配经销企业 C 能提供与企业 A 的销售合同或者发票,证明是从 4S 店进的配件,则这些配件不属于侵权配件,但是汽配经销企业C没有经过主机厂B授权,是不能销售其产品的,主机厂B可以向法院提起民事合同纠纷诉讼状告企业A,汽配经销企业C将作为共同侵权人成为被告。假如汽配经销企业C不能说明配件的来源,则这些配件可以被认为是假冒伪劣或者侵权产品,汽配经销企业C就违反了商标法,属于违法行为,执法机关可以将产品没收,并对汽配经销企业C处以行政罚款。

3. 案例点评

在很多"售真"案例中,"不知晓、不理解、不服气"成为侵犯权利人利益而构成侵犯知识产权的三大风险来源。那么,汽配流通企业如何规避此类风险呢?一方面,主动加入自主创新行列。开展产品品牌和服务品牌建设,与服务业态创新、商业模式创新相结合,着力打造一批自主品牌产品,同时使自身成为品牌服务企业。另一方面,建立防范管理组织体系。在企业内部专门建立防范管理组织,认真自查,有错必纠,及时整改,尊重和合理利用他人的知识产权。任何人未经商标权或专利权所有人的许可,以营利为目的使用该商标或专利的,均是对知识产权所有人经济利益的损害,需承担法律责任。

案例4-11 国内汽配经销企业经销国外注册商标零部件的侵权问题

1. 案例概述

海外汽车零部件制造商A为国际汽车整车制造巨头B授权生产零部件,其部件上均标有国际汽车整车制造巨头B的注册商标,国内汽配经销企业C从国外进口了制造商A生产的这一配件,并在国内的售后市场进行销售。国内汽配经销企业C是否构成侵权?

2. 处理过程

本案中,首先要弄清海外汽车零部件制造商A是否有国际汽车整车制造巨头B的商标使用权,其次制造商A对这些产品有没有自主销售权。假如答案都是肯定的,我们还需要在与海外汽车零部件制造商A签订的合同中,除了约定时间、价格、质量等基本条款外,增加"制造商A提供的产品均已取得包括专利、商标、厂商名称等知识产权"方面的条款,以防自己被动侵权。此外,进口货物的海关单证等一系列手续也必须一应俱全。

3. 案例点评

本案牵涉的是国际贸易,由于在国际上知识产权保护的项目比国内更多、更为严格,所以牵涉的知识产权情形相对更复杂。汽配流通企业在接单洽谈之前,要了解国内外有关知识产权的规则,尤其是要了解商标权、专利权等详细的知识产权规则。有条件的企业,最好能聘请知识产权方面的专家当顾问,帮助企业在洽谈中,要求对方提供合法的知识产权授权材料,明确授权的范围、权限与时限等。同时,汽配流通企业在获得知识产权人的授权后,最好要求权利人将该授权在政府知识产权备案系统中予以及时更新登记。

思考与分析

1. 上网查阅,汽车配件销售的相关法律法规有哪些?
2. 1993年12月1日起施行的《中华人民共和国反不正当竞争法》是我国反不正当竞争的基本法律。该法明确指出了两类共十一种不正当竞争和限制竞争的行为,上网查阅说明。
3. 某修理厂配件采购员在飞翔汽车配件公司购买了一个空调控制器,几小时后又回到汽配公司,说修理厂工人认为该空调控制器型号不对不能使用,要求更换另一个型号的空调控制器,汽配公司不同意更换,说电器产品出门后就不能更换,因为在修理厂是否使用过,使用是否造成损坏都无法说清楚,所有汽配商店都一样的,电器产品出门后就不能更换。请根据相关法律法规说明该事件的处理方法和理由。
4. 驾驶员朱先生向消保委投诉,说一个月前到某快修店更换了4只轮胎,一星期后在行驶途中突然爆胎,差点造成重大事故。他拿出一个已经爆裂的轮胎说,更换的轮胎是伪劣产品,要求更换正牌的轮胎,并赔偿相关损失。请根据相关法律法规说明该事件的处理方法和理由。

模块 5

汽车后市场相关法律法规

◎ 学习目标

1. 知识目标

（1）能说出《道路运输车辆维护管理规定》关于维护作业的主要条例内容；

（2）能叙述《机动车维修管理规定》关于车辆维修质保期的主要条例内容；

（3）能说出《家用汽车产品修理、更换、退货责任规定》的主要内容；

（4）能解释《二手车流通管理办法》的主要条款内容；

（5）能解释《机动车辆保险条款(全国)》的主要条款内容。

2. 能力目标

（1）能根据工作需要查阅汽车售后索赔、维修投诉处理、配件销售投诉处理、汽车保险。二手车评估与交易等相关的汽车法律法规相关条例；

（2）会运用法律法规条款正确处置在汽车后市场工作中的客户常见抱怨和投诉。

5.1 道路运输车辆维护管理规定

交通部［1990］第 13 号令《汽车运输业车辆技术管理规定》是对汽车维修制度的重大改革，取消了原来的整体解体式三级保养，实行不解体状态检测下的二级维护。为了进一步落实新的维修制度，加强道路运输车辆管理，保持车辆技术状况良好，提高道路运输质量，1998 年 3 月 4 日中华人民共和国交通部发布第 2 号令《道路运输车辆维护管理规定》，1998 年 4 月 1 日起实施。2001 年 8 月 20 日，中华人民共和国交通部又发布第 4 号令《关于修改〈道路运输车辆维护管理规定〉的决定》（修正）。

第一章　总　　则

第一条　为加强道路运输车辆管理，保持车辆技术状况良好，确保运行安全，保护环境，降低运行消耗，提高运输质量，根据国家有关规定，制定本规定。

第二条　车辆维护制度是贯彻安全第一、预防为主的方针，保障汽车运行安全的基本制度。车辆维护是指道路运输车辆运行到国家有关标准规定的行驶里程或间隔时间，必须按期执行的维护作业。

第三条　本规定适用于在中华人民共和国境内，从事道路客货运输的经营业户（单位或个人）、汽车维修一、二类企业及汽车综合性能检测站。

第四条　各级交通行政主管部门归口管理辖区内道路运输车辆的维护管理工作，各级道路运输管理机构负责组织实施。

第二章　道路运输车辆维护

第五条　道路运输车辆的维护分为：日常维护、一级维护、二级维护。日常维护是由驾驶员每日出车前、行车中和收车后负责执行的车辆维护作业。其作业中心内容是清洁、补给和安全检视。

一级维护是由维修企业负责执行的车辆维护作业。其作业中心内容除日常维护作业外，以清洁、润滑、紧固为主，并检查有关制动、操纵等安全部件。

二级维护是由维修企业负责执行车辆维护作业。其作业中心内容是除一级维护作业外，以检查、调整转向节、转向摇臂、制动啼片、悬架等经过一定时间的使用容易磨损或变形的安全部件为主，并拆检轮胎，进行轮胎换位。二级维护必须按期执行。

第六条　道路运输经营业户和驾驶员，必须按国家或行业有关标准规定的行驶里程或间隔时间，对车辆进行维护作业，进口车辆及特种车辆按出厂说明书的规定执行。

第七条　道路运输经营业户，可以自主选择经道路运输管理机构资质认定的二类以上的汽车维修企业进行维护作业。危险品运输车辆必须到具备危险品运输车辆修理条件的维修企业进行维护作业。

第八条　经道路运输管理机构资质认定，达到二类以上汽车维修企业开业条件的道路运输经营业户，可以对本单位的车辆进行维护作业。

第九条　凡从事道路运输车辆维护作业的维修企业（以下简称维修企业），应遵守国家有关法规、标准,按规定的作业规范或说明书进行作业,不得漏项或减项作业。

第十条　维修企业实行车辆维修合同制,承修方与托修方应签定维修合同,并实行竣工上线检测制度、出厂合格证制度和质量保证制度。

第十一条　维修企业应与经道路运输管理机构资质认定的汽车综合性能检测站签订二级维护竣工检测委托合同书。

第十二条　维修企业应配备专职的质量检验员和价格结算人员。质量检验员及价格结算人员必须经过培训,考核合格持证上岗。

第十三条　维修企业及价格结算人员,应严格执行当地交通部门制定的工时定额,并严格按当地交通部门会同物价部门制定的工时费率标准收取工时费。

第三章　道路运输车辆二级维护检测

第十四条　道路运输车辆二级维护检测分为三类:

(1)二级维护前的诊断检测,主要是针对驾驶员的反映和车辆的外检情况,应用仪器、设备对车辆进行不解体诊断检测,以确定二级维护的附加作业项目。由维修企业按标准来执行,出具的诊断报告,作为签订维护合同的依据之一。

(2)二级维护作业过程中的检测,主要是对二级维护生产过程中的车辆维修质量进行跟踪检测,发现问题及时解决,由维修企业按标准进行,并作出检测记录。

(3)二级维护竣工检测主要是对二级维护及其附加作业项目的作业质量进行检测评定,由汽车综合性能检测站按标准进行,出具的检测报告,作为维修企业的质量检验员签发出厂合格证的依据之一。

第十五条　汽车综合性能检测站应配备技术负责人、质量负责人和专职的检测员,并必须经过培训,考核合格并取得证书后方可上岗。

第十六条　汽车综合性能检测站应严格执行交通部门制定的有关检测标准、规范和程序,由技术负责人签发检测报告。汽车综合性能检测站应严格按当地交通部门会同物价部门制定的检测费标准收取检测费。

第四章　管理与监督检查

第十七条　道路运输经营业户,必须按国家有关规定执行车辆维护制度,并加强管理。车辆的二级维护由各级道路运输管理机构负责监督管理。

第十八条　车辆二级维护出厂前,须进行竣工检测,并由维修企业的质量检验员审验合格后,签发出厂合格证。维修企业应开具统一规定的汽车维修项目、费用清单和结算凭证。

第十九条　道路运输经营业户应持出厂合格证到当地道路运输管理机构审核备案。实行了计算机联网的地区,应实现车辆技术管理及信息传递的自动化。

第二十条　从事驻在地运输超过三个月的车辆,车主应持车籍地道路运输管理机构的委托书,纳入驻在地车辆维护的管理。

第二十一条　对车辆二级维护执行情况的监督应在车站、货物和车辆所属道路运输经营业户驻地进行。对达到二级维护里程或间隔时间的车辆,道路运输经营业户应自觉按时维护,道路运输管理机构要及时督促道路运输经营业户按时维护。

第二十二条　道路运输经营业户年度审验时应出示车辆二级维护出厂合格证(已审核备案的除外)。

第二十三条　对维修企业,主要检查其执行国家有关车辆维护规范的情况、经营行为、在质量保证期内的返修率和质量监督抽查上线检测一次合格率。质量保证期内的车辆返修率应低于5%,质量监督抽查上线检测一次合格率应不低于85%。

第二十四条　对汽车综合性能检测站,主要检查二级维护竣工检测标准及项目的执行情况和经营行为。

第五章　罚　　则

第二十五条　对违反本规定的单位和个人,由交通行政主管部门(或其委托的道路运输管理机构)按有关行政处罚规定予以处罚。

第六章　附　　则

第二十六条　各省、自治区、直辖市交通厅(局、委)可根据本地实际情况制定实施细则。

第二十七条　非营运车辆可参照本规定执行。

第二十八条　本规定由中华人民共和国交通部负责解释。

第二十九条　本规定自一九九八年四月一日起施行。以前有关规定与本规定相抵触的按本规定执行。

5.2　机动车维修管理规定

《机动车维修管理规定》是中华人民共和国交通部令[2005]第7号,2005年8月1日执行。

第一章　总　　则

第一条　为规范机动车维修经营活动,维护机动车维修市场秩序,保护机动车维修各方当事人的合法权益,保障机动车运行安全,保护环境,节约能源,促进机动车维修业的健康发展,根据《中华人民共和国道路运输条例》及有关法律、行政法规的规定,制定本规定。

第二条　从事机动车维修经营的,应当遵守本规定。

本规定所称机动车维修经营,是指以维持或者恢复机动车技术状况和正常功能,延长机动车使用寿命为作业任务所进行的维护、修理以及维修救援等相关经营活动。

第三条　机动车维修经营者应当依法经营,诚实信用,公平竞争,优质服务。

第四条　机动车维修管理,应当公平、公正、公开和便民。

第五条　任何单位和个人不得封锁或者垄断机动车维修市场。

鼓励机动车维修企业实行集约化、专业化、连锁经营,促进机动车维修业的合理分工和协调发展。

鼓励推广应用机动车维修环保、节能、不解体检测和故障诊断技术,推进行业信息化建设和救援、维修服务网络化建设,提高机动车维修行业整体素质,满足社会需要。

第六条 交通部主管全国机动车维修管理工作。

县级以上地方人民政府交通主管部门负责组织领导本行政区域的机动车维修管理工作,县级以上道路运输管理机构负责具体实施本行政区域内的机动车维修管理工作。

第二章 经营许可

第七条 机动车维修经营依据维修车型种类、服务能力和经营项目实行分类许可,机动车维修经营业务根据维修对象分为汽车维修经营业务、危险货物运输车辆维修经营业务、摩托车维修经营业务和其他机动车维修经营业务四类。

汽车维修经营业务、其他机动车维修经营业务根据经营项目和服务能力分为一类维修经营业务、二类维修经营业务和三类维修经营业务。

摩托车维修经营业务根据经营项目和服务能力分为一类维修经营业务和二类维修经营业务。

第八条 获得一类汽车维修经营业务、一类其他机动车维修经营业务许可的,可以从事相应车型的整车修理、总成修理、整车维护、小修、维修救援、专项修理和维修竣工检验工作;获得二类汽车维修经营业务、二类其他机动车维修经营业务许可的,可以从事相应车型的整车修理、总成修理、整车维护、小修、维修救援和专项修理工作;获得三类汽车维修经营业务、三类其他机动车维修经营业务许可的,可以分别从事发动机、车身、电气系统、自动变速器维修及车身清洁维护、涂漆、轮胎动平衡和修补、四轮定位检测调整、供油系统维护和油品更换、喷油泵和喷油器维修、曲轴修磨、气缸镗磨、散热器(水箱)、空调维修、车辆装潢(篷布、坐垫及内装饰)、车辆玻璃安装等专项工作。

第九条 获得一类摩托车维修经营业务许可的,可以从事摩托车整车修理、总成修理、整车维护、小修、专项修理和竣工检验工作;获得二类摩托车维修经营业务许可的,可以从事摩托车维护、小修和专项修理工作。

第十条 获得危险货物运输车辆维修经营业务许可的,除可以从事危险货物运输车辆维修经营业务外,还可以从事一类汽车维修经营业务。

第十一条 申请从事汽车维修经营业务或者其他机动车维修经营业务的,应当符合下列条件。

(一)有与其经营业务相适应的维修车辆停车场和生产厂房。租用的场地应当有书面的租赁合同,且租赁期限不得少于1年,停车场和生产厂房面积按照国家标准《汽车维修业开业条件》(GB/T 16739)相关条款的规定执行。

(二)有与其经营业务相适应的设备、设施。所配备的计量设备应当符合国家有关技术标准要求,并经法定检定机构检定合格。从事汽车维修经营业务的设备、设施的具体要求按照国家标准《汽车维修业开业条件》(GB/T 16739)相关条款的规定执行;从事其他机动车维修经营业务的设备、设施的具体要求,参照国家标准《汽车维修业开业条件》(GB/T,16739)执行,但所配备设施、设备应与其维修车型相适应。

(三)有必要的技术人员:

1. 从事一类和二类维修业务的应当各配备至少1名技术负责人员和质量检验人员。

技术负责人员应当熟悉汽车或者其他机动车维修业务，并掌握汽车或者其他机动车维修及相关政策法规的技术规范；质量检验人员应当熟悉各类汽车或者其他机动车维修检测作业规范，掌握汽车或者其他机动车维修故障诊断和质量检验的相关技术，熟悉汽车或者其他机动车维修服务收费标准及相关政策法规和技术规范。技术负责人员和质量检验人员总数的60%应当经全国统一考试合格。

2. 从事一类和二类维修业务的应当各配备至少1名从事机修、电器、钣金、涂漆的维修技术人员；从事机修、电器、钣金、涂漆的维修技术人员应当熟悉所从事工种的维修技术和操作规范，并了解汽车或者其他机动车维修及相关政策法规。机修、电器、钣金、涂漆维修技术人员总数的40%应当经全国统一考试合格。

3. 从事三类维修业务的，按照其经营项目分别配备相应的机修、电器、钣金、涂漆的维修技术人员；从事发动机维修、车身维修、电气系统维修、自动变速器维修的，还应当配备技术负责人员和质量检验人员。技术负责人员、质量检验人员及机修、电器、钣金、涂漆维修技术人员总数的40%应当经全国统一考试合格。

（四）有健全的维修管理制度。包括质量管理制度、安全生产管理制度、车辆维修档案管理制度、人员培训制度、设备管理制度及配件管理制度。具体要求按照国家标准《汽车维修业开业条件》（GB/T 16739）相关条款的规定执行。

（五）有必要的环境保护措施。具体要求按照国家标准《汽车维修业开业条件》（GB/T 16739）相关条款的规定执行。

第十二条　从事危险货物运输车辆维修的汽车维修经营者，除具备汽车维修经营一类维修经营业务的开业条件外，还应当具备下列条件：

（一）有与其作业内容相适应的专用维修车间和设备、设施，并设置明显的指示性标志；

（二）有完善的突发事件应急预案，应当预案包括报告程序、应急指挥以及处置措施等内容；

（三）有相应的安全管理人员；

（四）有齐全的安全操作规程。

本规定所称危险货物运输车辆维修，是指对运输易燃、易爆、腐蚀、放射性、剧毒等性质货物的机动车维修，不包含对危险货物运输车辆罐体的维修。

第十三条　申请从事摩托车维修经营的，应当符合下列条件：

（一）有与其经营业务相适应的摩托车维修停车场和生产厂房。租用的场地应有书面的租赁合同，且租赁期限不得少于1年。停车场和生产厂房的面积按照国家标准《摩托车维修业开业条件》（GB/T 18189）相关条款的规定执行。

（二）有与其经营业务相适应的设备、设施。所配备的计量设备应符合国家有关技术标准要求，并经法定检定机构检定合格。具体要求按照国家标准《摩托车维修业开业条件》（GB/T 18189）相关条款的规定执行。

（三）有必要的技术人员：

1. 从事一类维修业务的应当至少有1名质量检验人员。质量检验人员应当熟悉各类摩托车维修检测作业规范，掌握摩托车维修故障诊断和质量检验的相关技术，熟悉摩托车维修服务收费标准及相关政策法规和技术规范。质量检验人员总数的60%应当经全国统一考试合格。

2. 按照其经营业务分别配备相应的机修、电器、钣金、涂漆的维修技术人员。机修、电器、钣金、涂漆的维修技术人员应当熟悉所从事工种的维修技术和操作规范,并了解摩托车维修及相关政策法规。机修、电器、钣金、涂漆维修技术人员总数的30%应当经全国统一考试合格。

(四)有健全的维修管理制度。包括质量管理制度、安全生产管理制度、摩托车维修档案管理制度、人员培训制度、设备管理制度及配件管理制度。具体要求按照国家标准《摩托车维修业开业条件》(GB/T 18189)相关条款的规定执行。

(五)有必要的环境保护措施。具体要求按照国家标准《摩托车维修业开业条件》(GB/T 18189)相关条款的规定执行。

第十四条 申请从事机动车维修经营的,应当向所在地的县级道路运输管理机构提出申请,并提交下列材料:

(一)《交通行政许可申请书》;

(二)经营场地、停车场面积材料、土地使用权及产权证明复印件;

(三)技术人员汇总表及相应职业资格证明;

(四)维修检测设备及计量设备检定合格证明复印件;

(五)按照汽车、其他机动车、危险货物运输车辆、摩托车维修经营,分别提供本规定第十一条、第十二条、第十三条规定条件的其他相关材料。

第十五条 道路运输管理机构应当按照《中华人民共和国道路运输条例》和《交通行政许可实施程序规定》规范的程序实施机动车维修经营的行政许可。

第十六条 道路运输管理机构对机动车维修经营申请予以受理的,应当自受理申请之日起15日内作出许可或者不予许可的决定。符合法定条件的,道路运输管理机构作出准予行政许可的决定,向申请人出具《交通行政许可决定书》,在10日内向被许可人颁发机动车维修经营许可证件,明确许可事项;不符合法定条件的,道路运输管理机构作出不予许可的决定,向申请人出具《不予交通行政许可决定书》,说明理由,并告知申请人享有依法申请行政复议或者提起行政诉讼的权利。

机动车维修经营者应当持机动车维修经营许可证件依法向工商行政管理机关办理有关登记手续。

第十七条 申请机动车维修连锁经营服务网点的,可由机动车维修连锁经营企业总部向连锁经营服务网点所在地县级道路运输管理机构提出申请,提交下列材料,并对材料真实性承担相应的法律责任:

(一)机动车维修连锁经营企业总部机动车维修经营许可证件复印件;

(二)连锁经营协议书副本;

(三)连锁经营的作业标准和管理手册;

(四)连锁经营服务网点符合机动车维修经营相应开业条件的承诺书。

道路运输管理机构在查验申请资料齐全有效后,应当场或在5日予以许可,并发给相应许可证件。连锁经营服务网点的经营许可项目应当在机动车维修连锁经营企业总部许可项目的范围内。

第十八条　机动车维修经营许可证件实行有效期制。从事一、二类汽车维修业务和一类摩托车维修业务的证件有效期为6年；从事三类汽车维修业务、二类摩托车维修业务及其他机动车维修业务的证件有效期为3年。

机动车维修经营许可证件由各省、自治区、直辖市道路运输管理机构统一印制编号，县级道路运输管理机构按照规定发放和管理。

第十九条　机动车维修经营者应当在许可证件有效期届满前30日到作出原许可决定的道路运输管理机构办理换证手续。

第二十条　机动车维修经营者变更许可事项的，应当按照本章有关规定办理行政许可事宜。

机动车维修经营者变更名称、法定代表人、地址等事项的，应当向作出原许可决定的道路运输管理机构备案。

机动车维修经营者需要终止经营的，应当在终止经营前30日告知作出原许可决定的道路运输管理机构。

第三章　维 修 经 营

第二十一条　机动车维修经营者应当按照经批准的行政许可事项开展维修服务。

第二十二条　机动车维修经营者应当将机动车维修经营许可证件和《机动车维修标志牌》（见附件1）悬挂在经营场所的醒目位置。

《机动车维修标志牌》由机动车维修经营者按照统一式样和要求自行制作。

第二十三条　机动车维修经营者不得擅自改装机动车，不得承修已报废的机动车，不得利用配件拼装机动车。

托修方要改变机动车车身颜色，更换发动机、车身和车架的，应当按照有关法律、法规的规定办理相关手续，机动车维修经营者在查看相关手续后方可承修。

第二十四条　机动车维修经营者应当加强对从业人员的安全教育和职业道德教育，确保安全生产。

机动车维修从业人员应当执行机动车维修安全生产操作规程，不得违章作业。

第二十五条　机动车维修产生的废弃物，应当按照国家的有关规定进行处理。

第二十六条　机动车维修经营者应当公布机动车维修工时定额和收费标准，合理收取费用。

机动车维修工时定额可按各省机动车维修协会等行业中介组织统一制定的标准执行，也可按机动车维修经营者报所在地道路运输管理机构备案后的标准执行，也可按机动车生产厂家公布的标准执行。当上述标准不一致时，优先适用机动车维修经营者备案的标准。

机动车维修经营者应当将其执行的机动车维修工时单价标准报所在地道路运输管理机构备案。

机动车生产厂家在新车型投放市场后一个月内，有义务向社会公布其维修技术资料和工时定额。

第二十七条　机动车维修经营者应当使用规定的结算票据,并向托修方交付维修结算清单。维修结算清单中,工时费与材料费应分项计算。维修结算清单格式和内容由省级道路运输管理机构制定。

机动车维修经营者不出具规定的结算票据和结算清单的,托修方有权拒绝支付费用。

第二十八条　机动车维修经营者应当按照规定,向道路运输管理机构报送统计资料。

道路运输管理机构应当为机动车维修经营者保守商业秘密。

第二十九条　机动车维修连锁经营企业总部应当按照统一采购、统一配送、统一标识、统一经营方针、统一服务规范和价格的要求,建立连锁经营的作业标准和管理手册,加强对连锁经营服务网点经营行为的监管和约束,杜绝不规范的商业行为。

第四章　质 量 管 理

第三十条　机动车维修经营者应当按照国家、行业或者地方的维修标准和规范进行维修。尚无标准或规范的,可参照机动车生产企业提供的维修手册、使用说明书和有关技术资料进行维修。

第三十一条　机动车维修经营者不得使用假冒伪劣配件维修机动车。

机动车维修经营者应当建立采购配件登记制度,记录购买日期、供应商名称、地址、产品名称及规格型号等,并查验产品合格证等相关证明。

机动车维修经营者对于换下的配件、总成、应当交托修方自行处理。

机动车维修经营者应当将原厂配件、副厂配件和修复配件分别标识,明码标价,供用户选择。

第三十二条　机动车维修经营者对机动车进行二级维护、总成修理、整车修理的,应当实行维修前诊断检验、维修过程检验和竣工质量检验制度。

承担机动车维修竣工质量检验的机动车维修企业或机动车综合性能检测机构应当使用符合有关标准并在检定有效期内的设备,按照有关标准进行检测,如实提供检测结果证明,并对检测结果承担法律责任。

第三十三条　机动车维修竣工质量检验合格的,维修质量检验人员应当签发《机动车维修竣工出厂合格证》(见附件2);未签发机动车维修竣工出厂合格证的机动车,不得交付使用,车主可以拒绝交费或接车。

机动车维修竣工出厂合格证由省级道路运输管理机构统一印制和编号,县级道路运输管理机构按照规定发放和管理。

禁止伪造、倒卖、转借机动车维修竣工出厂合格证。

第三十四条　机动车维修经营者对机动车进行二级维护、总成修理、整车修理的,应当建立机动车维修档案。机动车维修档案主要内容包括:维修合同、维修项目、具体维修人员及质量检验人员、检验单、竣工出厂合格证(副本)及结算清单等。

机动车维修档案保存期为二年。

第三十五条　道路运输管理机构应当加强对机动车维修专业技术人员的管理,严格执行专业技术人员考试和管理制度。

机动车维修专业技术人员考试及管理具体办法另行制定。

第三十六条　道路运输管理机构应当加强对机动车维修经营的质量监督和管理工作,可委托具有法定资格的机动车维修质量监督检验中心,对机动车维修质量进行监督检验。

第三十七条　机动车维修实行竣工出厂质量保证期制度。

汽车和危险货物运输车辆整车修理或总成修理质量保证期为车辆行驶 20 000 公里或者 100 日；二级维护质量保证期为车辆行驶 5 000 公里或者 30 日；一级维护、小修及专项修理质量保证期为车辆行驶 2 000 公里或者 10 日。

摩托车整车修理或者总成修理质量保证期为摩托车行驶 7 000 公里或者 80 日；维护、小修及专项修理质量保证期为摩托车行驶 800 公里或者 10 日。

其他机动车整车修理或者总成修理质量保证期为机动车行驶 6 000 公里或者 60 日；维护、小修及专项修理质量保证期为机动车行驶 700 公里或者 7 日。

质量保证期中行驶里程和日期指标,以先达到者为准。

机动车维修质量保证期,从维修竣工出厂之日起计算。

第三十八条　在质量保证期和承诺的质量保证期内,因维修质量原因造成机动车无法正常使用,且承修方在 3 日内不能或者无法提供因非维修原因而造机动车无法使用的相关证据的,机动车维修经营者应当及时无偿返修,不得故意拖延或者无理拒绝。

在质量保证期内,机动车因同一故障或维修项目经两次修理仍不能正常使用的,机动车维修经营者应当负责联系其他机动车维修经营者,并承担相应修理费用。

第三十九条　机动车维修经营者应当公示承诺的机动车维修质量保证期。所承诺的质量保证期不得低于第三十七条的规定。

第四十条　道路运输管理机构应当受理机动车维修质量投诉,积极按照维修合同约定和相关规定调解维修质量纠纷。

第四十一条　机动车维修质量纠纷双方当事人均有保护当事车辆原始状态的义务,必要时可拆检车辆有关部位,但双方当事人应同时在场,共同认可拆检情况。

第四十二条　对机动车维修质量的责任认定需要进行技术分析和鉴定,且承修方和托修方共同要求道路运输管理机构出面协调的,道路运输管理机构应当组织专家组或委托具有法定检测资格的检测机构作出技术分析和鉴定。鉴定费用由责任方承担。

第四十三条　对机动车维修经营者实行质量信誉考核制度。机动车维修质量信誉考核办法另行制定。机动车维修质量信誉考核内容应当包括经营者基本情况、经营业绩(含奖励情况)、不良记录等。

第四十四条　道路运输管理机构应当建立机动车维修企业诚信档案。机动车维修质量信誉考核结果是机动车维修诚信档案的重要组成部分。

道路运输管理机构建立的机动车维修企业诚信信息,除涉及国家秘密、商业秘密外,应当依法公开,供公众查阅。

第五章　监督检查

第四十五条　道路运输管理机构应当加强对机动车维修经营活动的监督检查。

道路运输管理机构的工作人员应当严格按照职责权限和程序进行监督检查,不得滥用职权、徇私舞弊,不得乱收费、乱罚款。

第四十六条 道路运输管理机构应当积极运用信息化技术手段,科学、高效地开展机动车维修管理工作。

第四十七条 道路运输管理机构的执法人员在机动车维修经营场所实施监督检查时,应当有2名以上人员参加,并向当事人出示交通部监制的交通行政执法证件。

道路运输管理机构实施监督检查时,可以采取下列措施:

(一)询问当事人或者有关人员,并要求其提供有关资料;

(二)查询、复制与违法行为有关的维修台账、票据、凭证、文件及其他资料,核对与违法行为有关的技术资料;

(三)在违法行为发现场所进行摄影、摄像取证;

(四)检查与违法行为有关的维修设备及相关机具的有关情况。

检查的情况和处理结果应当记录,并按照规定归档。当事人有权查阅监督检查记录。

第四十八条 从事机动车维修经营活动的单位和个人,应当自觉接受道路运输管理机构及其工作人员的检查,如实反映情况,提供有关资料。

第六章 法 律 责 任

第四十九条 违反本规定,有下列行为之一,擅自从事机动车维修相关经营活动的,由县级以上道路运输管理机构责令其停止经营;有违法所得的,没收违法所得,处违法所得2倍以上10倍以下的罚款;没有违法所得或者违法所得不足1万元的,处2万元以上5万元以下的罚款;构成犯罪的,依法追究刑事责任:

(一)未取得机动车维修经营许可,非法从事机动车维修经营的;

(二)使用无效、伪造、变造机动车维修经营许可证件,非法从事机动车维修经营的;

(三)超越许可事项,非法从事机动车维修经营的。

第五十条 违反本规定,机动车维修经营者非法转让、出租机动车维修经营许可证件的,由县级以上道路运输管理机构责令停止违法行为,收缴转让、出租的有关证件,处以2 000元以上1万元以下的罚款;有违法所得的,没收违法所得。

对于接受非法转让、出租的受让方,应当按照第四十九条的规定处罚。

第五十一条 违反本规定,机动车维修经营者使用假冒伪劣配件维修机动车,承修已报废的机动车或者擅自改装机动车的,由县级以上道路运输管理机构责令改正,并没收假冒伪劣配件及报废车辆;有违法所得的,没收违法所得,处违法所得2倍以上10倍以下的罚款;没有违法所得或者违法所得不足1万元的,处2万元以上5万元以下的罚款,没收假冒伪劣配件及报废车辆;情节严重的,由原许可机关吊销其经营许可;构成犯罪的,依法追究刑事责任。

第五十二条 违反本规定,机动车维修经营者签发虚假或者不签发机动车维修竣工出厂合格证的,由县级以上道路运输管理机构责令改正;有违法所得的,没收违法所得,处以违所得2倍以上10倍以下的罚款;没有违法所得或者违法所得不足3 000元的,处以5 000元以上2万元以下的罚款;情节严重的,由许可机关吊销其经营许可;构成犯罪的,依法追究刑事责任。

第五十三条 违反本规定,有下列行为之一的,由县级以上道路运输管理机构责令其限期整改;限期整改不合格的,予以通报:

(一)机动车维修经营者未按照规定执行机动车维修质量保证期制度的;

(二)机动车维修经营者未按照有关技术规范进行维修作业的;

(三)伪造、转借、倒卖机动车维修竣工出厂合格证的;

(四)机动车维修经营者只收费不维修或者虚列维修作业项目的;

(五)机动车维修经营者未在经营场所醒目位置悬挂机动车维修经营许可证件和机动车维修标志牌的;

(六)机动车维修经营者未在经营场所公布收费项目、工时定额和工时单价的;

(七)机动车维修经营者超出公布的结算工时定额、结算工时单价向托修方收费的;

(八)机动车维修经营者不按照规定建立维修档案和报送统计资料的;

(九)违反本规定其他有关规定的。

第五十四条 违反本规定,道路运输管理机构的工作人员有下列情形之一的,由同级地方人民政府交通主管部门依法给予行政处分;构成犯罪的,依法追究刑事责任:

(一)不按照规定的条件、程序和期限实施行政许可的;

(二)参与或者变相参与机动车维修经营业务的;

(三)发现违法行为不及时查处的;

(四)索取、收受他人财物或谋取其他利益的;

(五)其他违法违纪行为。

第七章 附 则

第五十五条 外商在中华人民共和国境内申请中外合资、中外合作、独资形式投资机动车维修经营的,应同时遵守《外商投资道路运输业管理规定》及相关法律法规的规定。

第五十六条 机动车维修经营许可证件等相关证件工本费收费标准由省级人民政府财政部门、价格主管部门会同同级交通主管部门核定。

第五十七条 本规定自2005年8月1日起施行。经过国家发展和改革委员会、国家工商行政管理总局同意,1986年12月12日交通部、原国家经委、原国家工商行政管理局发布的《汽车维修行业管理暂行办法》同时废止,1991年4月10日交通部颁布的《汽车维修质量管理办法》同时废止。

5.3 家用汽车产品修理、更换、退货责任规定

《家用汽车产品修理、更换、退货责任规定》于2012年6月27日国家质量监督检验检疫总局局务会议审议通过。自2013年10月1日起施行。

第一章 总 则

第一条 为了保护家用汽车产品消费者的合法权益,明确家用汽车产品修理、更换、退货(以下简称三包)责任,根据有关法律法规,制定本规定。

第二条 在中华人民共和国境内生产、销售的家用汽车产品的三包,适用本规定。

第三条 本规定是家用汽车产品三包责任的基本要求。鼓励家用汽车产品经营者做出更有利于维护消费者合法权益的严于本规定的三包责任承诺;承诺一经作出,应当依法履行。

第四条 本规定所称三包责任由销售者依法承担。销售者依照规定承担三包责任后,属于生产者的责任或者属于其他经营者的责任的,销售者有权向生产者、其他经营者追偿。

家用汽车产品经营者之间可以订立合同约定三包责任的承担,但不得侵害消费者的合法权益,不得免除本规定所规定的三包责任和质量义务。

第五条 家用汽车产品消费者、经营者行使权利、履行义务或承担责任,应当遵循诚实信用原则,不得恶意欺诈。

家用汽车产品经营者不得故意拖延或者无正当理由拒绝消费者提出的符合本规定的三包责任要求。

第六条 国家质量监督检验检疫总局(以下简称国家质检总局)负责本规定实施的协调指导和监督管理;组织建立家用汽车产品三包信息公开制度,并可以依法委托相关机构建立家用汽车产品三包信息系统,承担有关信息管理等工作。

地方各级质量技术监督部门负责本行政区域内本规定实施的协调指导和监督管理。

第七条 各有关部门、机构及其工作人员对履行规定职责所知悉的商业秘密和个人信息依法负有保密义务。

第二章 生产者义务

第八条 生产者应当严格执行出厂检验制度;未经检验合格的家用汽车产品,不得出厂销售。

第九条 生产者应当向国家质检总局备案生产者基本信息、车型信息、约定的销售和修理网点资料、产品使用说明书、三包凭证、维修保养手册、三包责任争议处理和退换车信息等家用汽车产品三包有关信息,并在信息发生变化时及时更新备案。

第十条 家用汽车产品应当具有中文的产品合格证或相关证明以及产品使用说明书、三包凭证、维修保养手册等随车文件。

产品使用说明书应当符合消费品使用说明等国家标准规定的要求。家用汽车产品所具有的使用性能、安全性能在相关标准中没有规定的,其性能指标、工作条件、工作环境等要求应当在产品使用说明书中明示。

三包凭证应当包括以下内容:产品品牌、型号、车辆类型规格、车辆识别代号(VIN)、生产日期;生产者名称、地址、邮政编码、客服电话;销售者名称、地址、邮政编码、电话等销售网点资料、销售日期;修理者名称、地址、邮政编码、电话等修理网点资料或者相关查询方式;家用汽车产品三包条款、包修期和三包有效期以及按照规定要求应当明示的其他内容。

维修保养手册应当格式规范、内容实用。

随车提供工具、备件等物品的,应附有随车物品清单。

第三章 销售者义务

第十一条 销售者应当建立并执行进货检查验收制度,验明家用汽车产品合格证等相关证明和其他标识。

第十二条 销售者销售家用汽车产品,应当符合下列要求:

(一)向消费者交付合格的家用汽车产品以及发票;

(二)按照随车物品清单等随车文件向消费者交付随车工具、备件等物品;

(三)当面查验家用汽车产品的外观、内饰等现场可查验的质量状况;

(四)明示并交付产品使用说明书、三包凭证、维修保养手册等随车文件;

(五)明示家用汽车产品三包条款、包修期和三包有效期;

(六)明示由生产者约定的修理者名称、地址和联系电话等修理网点资料,但不得限制消费者在上述修理网点中自主选择修理者;

(七)在三包凭证上填写有关销售信息;

(八)提醒消费者阅读安全注意事项、按产品使用说明书的要求进行使用和维护保养。

对于进口家用汽车产品,销售者还应当明示并交付海关出具的货物进口证明和出入境检验检疫机构出具的进口机动车辆检验证明等资料。

第四章 修理者义务

第十三条 修理者应当建立并执行修理记录存档制度。书面修理记录应当一式两份,一份存档,一份提供给消费者。

修理记录内容应当包括送修时间、行驶里程、送修问题、检查结果、修理项目、更换的零部件名称和编号、材料费、工时和工时费、拖运费、提供备用车的信息或者交通费用补偿金额、交车时间、修理者和消费者签名或盖章等。

修理记录应当便于消费者查阅或复制。

第十四条 修理者应当保持修理所需要的零部件的合理储备,确保修理工作的正常进行,避免因缺少零部件而延误修理时间。

第十五条 用于家用汽车产品修理的零部件应当是生产者提供或者认可的合格零部件,且其质量不低于家用汽车产品生产装配线上的产品。

第十六条 在家用汽车产品包修期和三包有效期内,家用汽车产品出现产品质量问题或严重安全性能故障而不能安全行驶或者无法行驶的,应当提供电话咨询修理服务;电话咨询服务无法解决的,应当开展现场修理服务,并承担合理的车辆拖运费。

第五章 三包责任

第十七条 家用汽车产品包修期限不低于3年或者行驶里程60 000公里,以先到者为准;家用汽车产品三包有效期限不低于2年或者行驶里程50 000公里,以先到者为准。家用汽车产品包修期和三包有效期自销售者开具购车发票之日起计算。

第十八条 在家用汽车产品包修期内,家用汽车产品出现产品质量问题,消费者凭三包凭证由修理者免费修理(包括工时费和材料费)。

家用汽车产品自销售者开具购车发票之日起 60 日内或者行驶里程 3 000 公里之内(以先到者为准),发动机、变速器的主要零件出现产品质量问题的,消费者可以选择免费更换发动机、变速器。发动机、变速器的主要零件的种类范围由生产者明示在三包凭证上,其种类范围应当符合国家相关标准或规定,具体要求由国家质检总局另行规定。

家用汽车产品的易损耗零部件在其质量保证期内出现产品质量问题的,消费者可以选择免费更换易损耗零部件。易损耗零部件的种类范围及其质量保证期由生产者明示在三包凭证上。生产者明示的易损耗零部件的种类范围应当符合国家相关标准或规定,具体要求由国家质检总局另行规定。

第十九条 在家用汽车产品包修期内,因产品质量问题每次修理时间(包括等待修理备用件时间)超过 5 日的,应当为消费者提供备用车,或者给予合理的交通费用补偿。

修理时间自消费者与修理者确定修理之时起,至完成修理之时止。一次修理占用时间不足 24 小时的,以 1 日计。

第二十条 在家用汽车产品三包有效期内,符合本规定更换、退货条件的,消费者凭三包凭证、购车发票等由销售者更换、退货。

家用汽车产品自销售者开具购车发票之日起 60 日内或者行驶里程 3 000 公里之内(以先到者为准),家用汽车产品出现转向系统失效、制动系统失效、车身开裂或燃油泄漏,消费者选择更换家用汽车产品或退货的,销售者应当负责免费更换或退货。

在家用汽车产品三包有效期内,发生下列情况之一,消费者选择更换或退货的,销售者应当负责更换或退货:

(一)因严重安全性能故障累计进行了 2 次修理,严重安全性能故障仍未排除或者又出现新的严重安全性能故障的;

(二)发动机、变速器累计更换 2 次后,或者发动机、变速器的同一主要零件因其质量问题,累计更换 2 次后,仍不能正常使用的,发动机、变速器与其主要零件更换次数不重复计算;

(三)转向系统、制动系统、悬架系统、前/后桥、车身的同一主要零件因其质量问题,累计更换 2 次后,仍不能正常使用的;

转向系统、制动系统、悬架系统、前/后桥、车身的主要零件由生产者明示在三包凭证上,其种类范围应当符合国家相关标准或规定,具体要求由国家质检总局另行规定。

第二十一条 在家用汽车产品三包有效期内,因产品质量问题修理时间累计超过 35 日的,或者因同一产品质量问题累计修理超过 5 次的,消费者可以凭三包凭证、购车发票,由销售者负责更换。

下列情形所占用的时间不计入前款规定的修理时间:

(一)需要根据车辆识别代号(VIN)等定制的防盗系统、全车线束等特殊零部件的运输时间;特殊零部件的种类范围由生产者明示在三包凭证上;

(二)外出救援路途所占用的时间。

第二十二条 在家用汽车产品三包有效期内,符合更换条件的,销售者应当及时向消费者更换新的合格的同品牌同型号家用汽车产品;无同品牌同型号家用汽车产品更换的,销售者应当及时向消费者更换不低于原车配置的家用汽车产品。

第二十三条 在家用汽车产品三包有效期内,符合更换条件,销售者无同品牌同型号家用汽车产品,也无不低于原车配置的家用汽车产品向消费者更换的,消费者可以选择退货,销售者应当负责为消费者退货。

第二十四条 在家用汽车产品三包有效期内,符合更换条件的,销售者应当自消费者要求换货之日起15个工作日内向消费者出具更换家用汽车产品证明。

在家用汽车产品三包有效期内,符合退货条件的,销售者应当自消费者要求退货之日起15个工作日内向消费者出具退车证明,并负责为消费者按发票价格一次性退清货款。

家用汽车产品更换或退货的,应当按照有关法律法规规定办理车辆登记等相关手续。

第二十五条 按照本规定更换或者退货的,消费者应当支付因使用家用汽车产品所产生的合理使用补偿,销售者依照本规定应当免费更换、退货的除外。

合理使用补偿费用的计算公式为:[(车价款(元)×行驶里程(km))/1 000]×n。使用补偿系数n由生产者根据家用汽车产品使用时间、使用状况等因素在0.5%至0.8%之间确定,并在三包凭证中明示。

家用汽车产品更换或者退货的,发生的税费按照国家有关规定执行。

第二十六条 在家用汽车产品三包有效期内,消费者书面要求更换、退货的,销售者应当自收到消费者书面要求更换、退货之日起10个工作日内,作出书面答复。逾期未答复或者未按本规定负责更换、退货的,视为故意拖延或者无正当理由拒绝。

第二十七条 消费者遗失家用汽车产品三包凭证的,销售者、生产者应当在接到消费者申请后10个工作日内予以补办。消费者向销售者、生产者申请补办三包凭证后,可以依照本规定继续享有相应权利。

按照本规定更换家用汽车产品后,销售者、生产者应当向消费者提供新的三包凭证,家用汽车产品包修期和三包有效期自更换之日起重新计算。

在家用汽车产品包修期和三包有效期内发生家用汽车产品所有权转移的,三包凭证应当随车转移,三包责任不因汽车所有权转移而改变。

第二十八条 经营者破产、合并、分立、变更的,其三包责任按照有关法律法规规定执行。

第六章 三包责任免除

第二十九条 易损耗零部件超出生产者明示的质量保证期出现产品质量问题的,经营者可以不承担本规定所规定的家用汽车产品三包责任。

第三十条 在家用汽车产品包修期和三包有效期内,存在下列情形之一的,经营者对所涉及产品质量问题,可以不承担本规定所规定的三包责任:

(一)消费者所购家用汽车产品已被书面告知存在瑕疵的;
(二)家用汽车产品用于出租或者其他营运目的的;
(三)使用说明书中明示不得改装、调整、拆卸,但消费者自行改装、调整、拆卸而造成损坏的;
(四)发生产品质量问题,消费者自行处置不当而造成损坏的;

（五）因消费者未按照使用说明书要求正确使用、维护、修理产品,而造成损坏的;

（六）因不可抗力造成损坏的。

第三十一条 在家用汽车产品包修期和三包有效期内,无有效发票和三包凭证的,经营者可以不承担本规定所规定的三包责任。

第七章 争议的处理

第三十二条 家用汽车产品三包责任发生争议的,消费者可以与经营者协商解决;可以依法向各级消费者权益保护组织等第三方社会中介机构请求调解解决;可以依法向质量技术监督部门等有关行政部门申诉进行处理。

家用汽车产品三包责任争议双方不愿通过协商、调解解决或者协商、调解无法达成一致的,可以根据协议申请仲裁,也可以依法向人民法院起诉。

第三十三条 经营者应当妥善处理消费者对家用汽车产品三包问题的咨询、查询和投诉。

经营者和消费者应积极配合质量技术监督部门等有关行政部门、有关机构等对家用汽车产品三包责任争议的处理。

第三十四条 省级以上质量技术监督部门可以组织建立家用汽车产品三包责任争议处理技术咨询人员库,为争议处理提供技术咨询;经争议双方同意,可以选择技术咨询人员参与争议处理,技术咨询人员咨询费用由双方协商解决。

经营者和消费者应当配合质量技术监督部门家用汽车产品三包责任争议处理技术咨询人员库建设,推荐技术咨询人员,提供必要的技术咨询。

第三十五条 质量技术监督部门处理家用汽车产品三包责任争议,按照产品质量申诉处理有关规定执行。

第三十六条 处理家用汽车产品三包责任争议,需要对相关产品进行检验和鉴定的,按照产品质量仲裁检验和产品质量鉴定有关规定执行。

第八章 罚 则

第三十七条 违反本规定第九条规定的,予以警告,责令限期改正,处 1 万元以上 3 万元以下罚款。

第三十八条 违反本规定第十条规定,构成有关法律法规规定的违法行为的,依法予以处罚;未构成有关法律法规规定的违法行为的,予以警告,责令限期改正;情节严重的,处 1 万元以上 3 万元以下罚款。

第三十九条 违反本规定第十二条规定,构成有关法律法规规定的违法行为的,依法予以处罚;未构成有关法律法规规定的违法行为的,予以警告,责令限期改正;情节严重的,处 3 万元以下罚款。

第四十条 违反本规定第十三条、第十四条、第十五条或第十六条规定的,予以警告,责令限期改正;情节严重的,处 3 万元以下罚款。

第四十一条 未按本规定承担三包责任的,责令改正,并依法向社会公布。

第四十二条 本规定所规定的行政处罚,由县级以上质量技术监督部门等部门在职权范围内依法实施，并将违法行为记入质量信用档案。

第九章　附　则

第四十三条　本规定下列用语的含义：

家用汽车产品，是指消费者为生活消费需要而购买和使用的乘用车。

乘用车，是指相关国家标准规定的除专用乘用车之外的乘用车。

生产者，是指在中华人民共和国境内依法设立的生产家用汽车产品并以其名义颁发产品合格证的单位。从中华人民共和国境外进口家用汽车产品到境内销售的单位视同生产者。

销售者，是指以自己的名义向消费者直接销售、交付家用汽车产品并收取货款、开具发票的单位或者个人。

修理者，是指与生产者或销售者订立代理修理合同，依照约定为消费者提供家用汽车产品修理服务的单位或者个人。

经营者，包括生产者、销售者、向销售者提供产品的其他销售者、修理者等。

产品质量问题，是指家用汽车产品出现影响正常使用、无法正常使用或者产品质量与法规、标准、企业明示的质量状况不符合的情况。

严重安全性能故障，是指家用汽车产品存在危及人身、财产安全的产品质量问题，致使消费者无法安全使用家用汽车产品，包括出现安全装置不能起到应有的保护作用或者存在起火等危险情况。

第四十四条　按照本规定更换、退货的家用汽车产品再次销售的，应当经检验合格并明示该车是"三包换退车"以及更换、退货的原因。

"三包换退车"的三包责任按合同约定执行。

第四十五条　本规定涉及的有关信息系统以及信息公开和管理、生产者信息备案、三包责任争议处理技术咨询人员库管理等具体要求由国家质检总局另行规定。

第四十六条　有关法律、行政法规对家用汽车产品的修理、更换、退货等另有规定的，从其规定。

第四十七条　本规定由国家质量监督检验检疫总局负责解释。

第四十八条　本规定自 2013 年 10 月 1 日起施行。

5.4　二手车流通管理办法

【颁布单位】　商务部、公安部、国家工商行政管理总局、国家税务总局

【发文字号】　商务部、公安部、工商总局、税务总局令[2005]第 2 号

【颁布时间】　2005 年 8 月 29 日

【实施时间】　2005 年 10 月 1 日

第一章　总　则

第一条　为加强二手车流通管理，规范二手车经营行为，保障二手车交易双方的合法

权益,促进二手车流通健康发展,依据国家有关法律、行政法规,制定本办法。

第二条 在中华人民共和国境内从事二手车经营活动或者与二手车相关的活动,适用本办法。

本办法所称二手车,是指从办理完注册登记手续到达到国家强制报废标准之前进行交易并转移所有权的汽车(包括三轮汽车、低速载货汽车,即原农用运输车,下同)、挂车和摩托车。

第三条 二手车交易市场是指依法设立、为买卖双方提供二手车集中交易和相关服务的场所。

第四条 二手车经营主体是指经工商行政管理部门依法登记,从事二手车经销、拍卖、经纪、鉴定评估的企业。

第五条 二手车经营行为是指二手车经销、拍卖、经纪、鉴定评估等。

(一)二手车经销是指二手车经销企业收购、销售二手车的经营活动;

(二)二手车拍卖是指二手车拍卖企业以公开竞价的形式将二手车转让给最高应价者的经营活动;

(三)二手车经纪是指二手车经纪机构以收取佣金为目的,为促成他人交易二手车而从事居间、行纪或者代理等经营活动;

(四)二手车鉴定评估是指二手车鉴定评估机构对二手车技术状况及其价值进行鉴定评估的经营活动。

第六条 二手车直接交易是指二手车所有人不通过经销企业、拍卖企业和经纪机构将车辆直接出售给买方的交易行为。二手车直接交易应当在二手车交易市场进行。

第七条 国务院商务主管部门、工商行政管理部门、税务部门在各自的职责范围内负责二手车流通有关监督管理工作。

省、自治区、直辖市和计划单列市商务主管部门(以下简称省级商务主管部门)、工商行政管理部门、税务部门在各自的职责范围内负责辖区内二手车流通有关监督管理工作。

第二章 条件和程序

第八条 二手车交易市场经营者、二手车经销企业和经纪机构应当具备企业法人条件,并依法到工商行政管理部门办理登记。

第九条 二手车鉴定评估机构应当具备下列条件:

(一)是独立的中介机构;

(二)有固定的经营场所和从事经营活动的必要设施;

(三)有3名以上从事二手车鉴定评估业务的专业人员(包括本办法实施之前取得国家职业资格证书的旧机动车鉴定估价师);

(四)有规范的规章制度。

第十条 设立二手车鉴定评估机构,应当按下列程序办理:

(一)申请人向拟设立二手车鉴定评估机构所在地省级商务主管部门提出书面申请,并提交符合本办法第九条规定的相关材料;

(二)省级商务主管部门自收到全部申请材料之日起 20 个工作日内作出是否予以核

准的决定,对予以核准的,颁发《二手车鉴定评估机构核准证书》;不予核准的,应当说明理由。

(三)申请人持《二手车鉴定评估机构核准证书》到工商行政管理部门办理登记手续。

第十一条 外商投资设立二手车交易市场、经销企业、经纪机构、鉴定评估机构的申请人,应当分别持符合第八条、第九条规定和《外商投资商业领域管理办法》、有关外商投资法律规定的相关材料报省级商务主管部门。省级商务主管部门进行初审后,自收到全部申请材料之日起1个月内上报国务院商务主管部门。合资中方有国家计划单列企业集团的,可直接将申请材料报送国务院商务主管部门。国务院商务主管部门自收到全部申请材料3个月内会同国务院工商行政管理部门,作出是否予以批准的决定,对予以批准的,颁发或者换发《外商投资企业批准证书》;不予批准的,应当说明理由。

申请人持《外商投资企业批准证书》到工商行政管理部门办理登记手续。

第十二条 设立二手车拍卖企业(含外商投资二手车拍卖企业)应当符合《中华人民共和国拍卖法》和《拍卖管理办法》有关规定,并按《拍卖管理办法》规定的程序办理。

第十三条 外资并购二手车交易市场和经营主体及已设立的外商投资企业增加二手车经营范围的,应当按第十一条、第十二条规定的程序办理。

第三章 行为规范

第十四条 二手车交易市场经营者和二手车经营主体应当依法经营和纳税,遵守商业道德,接受依法实施的监督检查。

第十五条 二手车卖方应当拥有车辆的所有权或者处置权。二手车交易市场经营者和二手车经营主体应当确认卖方的身份证明,车辆的号牌、《机动车登记证书》、《机动车行驶证》,有效的机动车安全技术检验合格标志、车辆保险单、缴纳税费凭证等。

国家机关、国有企事业单位在出售、委托拍卖车辆时,应持有本单位或者上级单位出具的资产处理证明。

第十六条 出售、拍卖无所有权或者处置权车辆的,应承担相应的法律责任。

第十七条 二手车卖方应当向买方提供车辆的使用、修理、事故、检验以及是否办理抵押登记、缴纳税费、报废期等真实情况和信息。买方购买的车辆如因卖方隐瞒和欺诈不能办理转移登记,卖方应当无条件接受退车,并退还购车款等费用。

第十八条 二手车经销企业销售二手车时应当向买方提供质量保证及售后服务承诺,并在经营场所予以明示。

第十九条 进行二手车交易应当签订合同。合同示范文本由国务院工商行政管理部门制定。

第二十条 二手车所有人委托他人办理车辆出售的,应当与受托人签订委托书。

第二十一条 委托二手车经纪机构购买二手车时,双方应当按以下要求进行:

(一)委托人向二手车经纪机构提供合法身份证明;

(二)二手车经纪机构依据委托人要求选择车辆,并及时向其通报市场信息;

(三)二手车经纪机构接受委托购买时,双方签订合同;

(四)二手车经纪机构根据委托人要求代为办理车辆鉴定评估,鉴定评估所发生的费用由委托人承担。

第二十二条 二手车交易完成后,卖方应当及时向买方交付车辆、号牌及车辆法定证明、凭证。车辆法定证明、凭证主要包括:

（一）《机动车登记证书》;
（二）《机动车行驶证》;
（三）有效的机动车安全技术检验合格标志;
（四）车辆购置税完税证明;
（五）养路费缴付凭证;
（六）车船使用税缴付凭证;
（七）车辆保险单。

第二十三条 下列车辆禁止经销、买卖、拍卖和经纪:

（一）已报废或者达到国家强制报废标准的车辆;
（二）在抵押期间或者未经海关批准交易的海关监管车辆;
（三）在人民法院、人民检察院、行政执法部门依法查封、扣押期间的车辆;
（四）通过盗窃、抢劫、诈骗等违法犯罪手段获得的车辆;
（五）发动机号码、车辆识别代号或者车架号码与登记号码不相符,或者有凿改迹象的车辆;
（六）走私、非法拼（组）装的车辆;
（七）不具有第二十二条所列证明、凭证的车辆;
（八）在本行政辖区以外的公安机关交通管理部门注册登记的车辆;
（九）国家法律、行政法规禁止经营的车辆。

二手车交易市场经营者和二手车经营主体发现车辆具有四、五、六情形之一的,应当及时报告公安机关、工商行政管理部门等执法机关。

对交易违法车辆的,二手车交易市场经营者和二手车经营主体应当承担连带赔偿责任和其他相应的法律责任。

第二十四条 二手车经销企业销售、拍卖企业拍卖二手车时,应当按规定向买方开具税务机关监制的统一发票。

进行二手车直接交易和通过二手车经纪机构进行二手车交易的,应当由二手车交易市场经营者按规定向买方开具税务机关监制的统一发票。

第二十五条 二手车交易完成后,现车辆所有人应当凭税务机关监制的统一发票,按法律、法规有关规定办理转移登记手续。

第二十六条 二手车交易市场经营者应当为二手车经营主体提供固定场所和设施,并为客户提供办理二手车鉴定评估、转移登记、保险、纳税等手续的条件。二手车经销企业、经纪机构应当根据客户要求,代办二手车鉴定评估、转移登记、保险、纳税等手续。

第二十七条 二手车鉴定评估应当本着买卖双方自愿的原则,不得强制进行;属国有资产的二手车应当按国家有关规定进行鉴定评估。

第二十八条 二手车鉴定评估机构应当遵循客观、真实、公正和公开原则,依据国家法律法规开展二手车鉴定评估业务,出具车辆鉴定评估报告;并对鉴定评估报告中车辆技术状况,包括是否属事故车辆等评估内容负法律责任。

第二十九条　二手车鉴定评估机构和人员可以按国家有关规定从事涉案、事故车辆鉴定等评估业务。

第三十条　二手车交易市场经营者和二手车经营主体应当建立完整的二手车交易购销、买卖、拍卖、经纪以及鉴定评估档案。

第三十一条　设立二手车交易市场、二手车经销企业开设店铺,应当符合所在地城市发展及城市商业发展有关规定。

第四章　监督与管理

第三十二条　二手车流通监督管理遵循破除垄断,鼓励竞争,促进发展和公平、公正、公开的原则。

第三十三条　建立二手车交易市场经营者和二手车经营主体备案制度。凡经工商行政管理部门依法登记,取得营业执照的二手车交易市场经营者和二手车经营主体,应当自取得营业执照之日起2个月内向省级商务主管部门备案。省级商务主管部门应当将二手车交易市场经营者和二手车经营主体有关备案情况定期报送国务院商务主管部门。

第三十四条　建立和完善二手车流通信息报送、公布制度。二手车交易市场经营者和二手车经营主体应当定期将二手车交易量、交易额等信息通过所在地商务主管部门报送省级商务主管部门。省级商务主管部门将上述信息汇总后报送国务院商务主管部门。国务院商务主管部门定期向社会公布全国二手车流通信息。

第三十五条　商务主管部门、工商行政管理部门应当在各自的职责范围内采取有效措施,加强对二手车交易市场经营者和经营主体的监督管理,依法查处违法违规行为,维护市场秩序,保护消费者的合法权益。

国务院工商行政管理部门会同商务主管部门建立二手车交易市场经营者和二手车经营主体信用档案,定期公布违规企业名单。

第五章　附　则

第三十六条　本办法自2005年10月1日起施行,原《商务部办公厅关于规范旧机动车鉴定评估管理工作的通知》(商建字[2004]第70号)、《关于加强旧机动车市场管理工作的通知》(国经贸贸易[2001]第1281号)、《旧机动车交易管理办法》(内贸机字[1998]第33号)及据此发布的各类文件同时废止。

5.5　机动车辆保险条款(全国)(保监发[2000]第16号)

本保险合同中的机动车辆是指汽车、电车、电瓶车、摩托车、拖拉机、各种专用机械车、特种车。

本保险合同为不定值保险合同。分为基本险和附加险,但附加险不能独立保险。保险人按照承保险别分别承担保险责任。

保险车辆发生全部损失或灭失,本保险合同终止。

第一部分 基 本 险

基本险分为车辆损失险和第三者责任险。

一、保险责任

第一条 车辆损失险

（一）被保险人或其允许的合格驾驶员在使用保险车辆过程中，因下列原因造成保险车辆的损失，保险人负责赔偿：

1. 碰撞、倾覆；
2. 火灾、爆炸；
3. 外界物体倒塌、空中运行物体坠落、保险车辆行驶中平行坠落；
4. 雷击、暴风、龙卷风、暴雨、洪水、海啸、地陷、冰陷、崖崩、雪崩、雹灾、泥石流、滑坡；
5. 载运保险车辆的渡船遭受自然灾害（只限于有驾驶员随车照料者）。

（二）发生保险事故时，被保险人或其允许的合格驾驶员对保险车辆采取施救、保护措施所支出的合理费用，保险人负责赔偿。但此项费用的最高赔偿金额以保险金额为限。

第二条 第三者责任险

被保险人或其允许的合格驾驶员在使用保险车辆过程中，发生意外事故，致使第三者遭受人身伤亡或财产的直接损毁，依法应当由被保险人支付的赔偿金额，保险人依照《道路交通事故处理办法》和保险合同的规定给予赔偿。但因事故产生的善后工作，保险人不负责处理。

二、责任免除

第三条 保险车辆的下列损失，保险人不负责赔偿：

（一）自然磨损、朽蚀、故障、轮胎单独损坏；

（二）地震、人工直接供油、高温烘烤造成的损失；

（三）受本车所载货物撞击的损失；

（四）两轮及轻便摩托车停放期间翻倒的损失；

（五）遭受保险责任范围内的损失后，未经必要修理继续使用，致使损失扩大的部分；

（六）自燃以及不明原因产生火灾；自燃，即指保险车辆因本车电器、线路、供油系统、货物自身等发生问题造成火灾。

（七）玻璃单独破碎；

（八）保险车辆在淹及排气筒的水中启动或被水淹后操作不当致使发动机损坏。

第四条 保险车辆造成下列人身伤亡和财产损毁，不论在法律上是否应当由被保险人承担赔偿责任，保险人也不负责赔偿：

（一）被保险人或其允许的驾驶员所有或代管的财产；

（二）私有、个人承包车辆的被保险人或其允许的驾驶员及其家庭成员，以及他们所有或代管的财产；

（三）本车上的一切人员和财产。

第五条 下列情况下，不论任何原因造成保险车辆的损失或第三者的经济赔偿责任，保险人均不负责赔偿：

(一) 战争、军事冲突、暴乱、扣押、罚没、政府征用;

(二) 非被保险人或非被保险人允许的驾驶员使用保险车辆;

(三) 被保险人或其允许的合格驾驶员的故意行为;

(四) 竞赛、测试、在营业性修理场所修理期间;

(五) 车辆所载货物掉落、泄漏;

(六) 机动车辆拖带车辆(含挂车)或其他拖带物,二者当中至少有一个未投保第三者责任险;

(七) 驾驶员饮酒、吸毒、被药物麻醉;

(八) 驾驶员有下列情形之一者:

1. 没有驾驶证;

2. 驾驶与驾驶证准驾车型不相符合的车辆;

3. 持军队或武警部队驾驶证驾驶地方车辆;持地方驾驶证驾驶军队或武警部队车辆;

4. 持学习驾驶证学习驾车时,无教练员随车指导,或不按指定时间、路线学习驾车;

5. 实习期驾驶大型客车、电车、起重车和带挂车的汽车时,无正式驾驶员并坐监督指导;

6. 实习期驾驶执行任务的警车、消防车、工程救险车、救护车和载运危险品的车辆;

7. 持学习驾驶证及实习期在高速公路上驾车;

8. 驾驶员持审验不合格的驾驶证,或未经公安交通管理部门同意,持未审验的驾驶证驾车;

9. 使用各种专用机械车、特种车的人员无国家有关部门核发的有效操作证;

10. 公安交通管理部门规定的其他属于无有效驾驶证的情况。

(九) 保险车辆肇事逃逸;

(十) 未按书面约定履行交纳保险费义务;

(十一) 除本保险合同另有书面约定外,发生保险事故时保险车辆没有公安交通管理部门核发的行驶证和号牌,或未按规定检验或检验不合格。

第六条 下列损失和费用,保险人不负责赔偿:

(一) 保险车辆发生意外事故,致使被保险人或第三者停业、停驶、停电、停水、停气、停产、中断通讯以及其他各种间接损失;

(二) 因保险事故引起的任何有关精神损害赔偿;

(三) 因污染引起的任何补偿和赔偿;

(四) 直接或间接由于计算机 2000 年问题引起的损失;

(五) 保险车辆全车被盗窃、被抢劫、被抢夺,以及在此期间受到损坏或车上零部件、附属设备丢失,以及第三者人员伤亡或财产损失。

第七条 其他不属于保险责任范围内的损失和费用。

三、保险金额、赔偿限额和保险期限

第八条 车辆损失险的保险金额由投保人和保险人选择以下三种方式之一协商确定:

（一）按新车购置价确定。新车购置价是指本保险合同签定地购置与保险车辆同类型新车（含车辆购置附加费）的价格。

（二）按投保时的实际价值确定。实际价值是指同类型车辆市场新车购置价减去该车已使用年限折旧金额后的价格。

折旧按每满一年扣除一年计算，不足一年的部分，不计折旧。折旧率按国家有关规定执行。但最高折旧金额不超过新车购置价的80%。

（三）由投保人与保险人协商确定。但保险金额不得超过同类型新车购置价，超过部分无效。

保险人根据保险金额的不同确定方式承担相应的赔偿责任。

第九条 第三者责任险的每次事故最高赔偿限额应根据不同车辆种类选择确定：

（一）在不同区域内，摩托车、拖拉机的最高赔偿限额分为四个档次：2万元、5万元、10万元和20万元；

（二）其他车辆的最高赔偿限额分为六个档次：5万元、10万元、20万元、50万元、100万元和100万元以上，且最高不超过1 000万元。

（三）挂车投保后与主车视为一体。发生保险事故时，挂车引起的赔偿责任视同主车引起的赔偿责任。保险人对挂车赔偿责任与主车赔偿责任所负赔偿金额之和，以主车赔偿限额为限。

第十条 在保险合同有效期内，被保险人要求变更合同内容时，应向保险人书面申请办理批改。

第十一条 保险期限为一年。除法律另有规定外，投保时保险期限不足一年的按短期月费率计收保险费。保险期限不足一个月的按月计算。

保险合同解除时，按照《机动车辆保险费率规章》的有关规定退还未到期责任部分的保险费。

四、赔偿处理

第十二条 被保险人索赔时，应当向保险人提供保险单、事故证明、事故责任认定书、事故调解书、判决书、损失清单和有关费用单据。

第十三条 保险人依据保险车辆驾驶员在事故中所负责任比例，相应承担赔偿责任。

第十四条 保险车辆因保险事故受损或致使第三者财产损坏，应当尽量修复。修理前被保险人须会同保险人检验，确定修理项目、方式和费用。否则，保险人有权重新核定或拒绝赔偿。

第十五条 车辆损失险按以下规定赔偿：

（一）全部损失

保险金额高于实际价值时，以出险时的实际价值计算赔偿；保险金额等于或低于实际价值时，按保险金额计算赔偿。

（二）部分损失

以新车购置价确定保险金额的车辆，按实际修理及必要、合理的施救费用计算赔偿；保险金额低于新车购置价的车辆，按保险金额与新车购置价的比例计算赔偿修理及施救费用。

保险车辆损失赔偿及施救费用分别以不超过保险金额为限。如果保险车辆部分损失一次赔偿金额与免赔金额之和等于保险金额时,车辆损失险的保险责任即行终止。

(三)施救的财产中,含有本保险合同未保险的财产,应按本保险合同保险财产的实际价值占总施救财产的实际价值比例分摊施救费用。

第十六条　保险车辆发生第三者责任事故时,按《道路交通事故处理办法》规定的赔偿范围、项目和标准以及保险合同的规定,在保险单载明的赔偿限额内核定赔偿金额。对被保险人自行承诺或支付的赔偿金额,保险人有权重新核定或拒绝赔偿。

第十七条　第三者责任事故赔偿后,对受害第三者的任何赔偿费用的增加,保险人不再负责。

第十八条　第三者责任事故赔偿后,保险责任继续有效,直至保险期满。

第十九条　保险车辆、第三者的财产遭受损失后的残余部分,应协商作价折归被保险人,并在赔款中扣除。

第二十条　根据保险车辆驾驶员在事故中所负责任,车辆损失险和第三者责任险在符合赔偿规定的金额内实行绝对免赔率;负全部责任的免赔20%,负主要责任的免赔15%,负同等责任的免赔10%,负次要责任的免赔5%。单方肇事事故的绝对免赔率为20%。

单方肇事事故是指不涉及与第三方有关的损害赔偿的事故,但不包括自然灾害引起的事故。

第二十一条　被保险人提供的各种必要的单证齐全后,保险人应当迅速审查核定。赔款金额经保险合同双方确认后,保险人在10天内一次赔偿结案。

第二十二条　保险车辆发生基本险条款第一条列明的保险责任范围内的损失应当由第三方负责赔偿的,被保险人应当向第三方索赔。如果第三方不予支付,被保险人应提起诉讼,经法院立案后,保险人根据被保险人提出的书面赔偿请求,应按照保险合同予以部分或全部赔偿,但被保险人必须将向第三方追偿的权利部分或全部转让给保险人,并协助保险人向第三方追偿。

由于被保险人放弃对第三方的请求赔偿的权利或过错致使保险人不能行使代位追偿权利的,保险人不承担赔偿责任或相应扣减保险赔偿金。

第二十三条　保险车辆发生基本险条款第一条列明的保险责任范围内的损失应当由第三方负责赔偿的,确实无法找到第三方的,保险人予以赔偿,但在符合赔偿规定的范围内实行5%的绝对免赔率。

五、投保人、被保险人义务

第二十四条　投保人对保险车辆的情况应如实申报,并在签订保险合同时一次交清保险费。

第二十五条　被保险人及其驾驶员应当做好保险车辆的维护、保养工作,并按规定检验合格;保险车辆装载必须符合《道路交通管理条例》中有关机动车辆装载的规定,使其保持安全行驶技术状态。

被保险人及其驾驶员应根据保险人提出的消除不安全因素和隐患的建议,及时采取相应的整改措施。

第二十六条　在保险合同有效期内,保险车辆转卖、转让、赠送他人、变更用途或增加危险程度,被保险人应当事先书面通知保险人并申请办理批改。

第二十七条　被保险人不得非法转卖、转让保险车辆;不得利用保险车辆从事违法犯罪活动。

第二十八条　保险车辆发生保险事故后,被保险人应当采取合理的保护、施救措施,并立即向事故发生地公安交通管理部门报案,同时在48小时内通知保险人。

被保险人应在公安交通管理部门对交通事故处理结案之日起10天内向保险人提交本条款第十二条规定的或保险人要求能证明事故原因、性质、责任划分和损失确定等的各种必要单证。

第二十九条　被保险人索赔时不得有隐瞒事实、伪造单证、制造假案等欺诈行为。

第三十条　被保险人不履行本条款第二十四条至第二十九条规定的义务,保险人有权拒绝赔偿或自书面通知之日起解除保险合同;已赔偿的,保险人有权追回已付保险赔款。

无赔款优待。

第三十一条　保险车辆在上一年保险期限内无赔款,续保时可享受无赔款减收保险费优待,优待金额为本年度续保险种应交保险费的10%。被保险人投保车辆不止一辆的,无赔款优待分别按车辆计算。上年度投保的车辆损失险、第三者责任险、附加险中任何一项发生赔款,续保时均不能享受无赔款优待。不续保者不享受无赔款优待。

上年度无赔款的机动车辆,如果续保的险种与上年度不完全相同,无赔款优待则以险种相同的部分为计算基础;如果续保的险种与上年度相同,但保险金额不同,无赔款优待则以本年度保险金额对应的应交保险费为计算基础。不论机动车辆连续几年无事故,无赔款优待一律为应交保险费的10%。

六、其他事项

第三十二条　本条款不适用于深圳市及仅在深圳特区内行驶的同时挂深圳、香港两地牌照的机动车辆。

第三十三条　被保险人在保险责任开始前,要求解除合同的,保险人应退还保险费,并按照《中华人民共和国保险法》的有关规定,扣减保险费金额3%的退保手续费。

第三十四条　合同争议的解决方式由被保险人与保险人约定从下列两种方式中选择一种:

(一)因履行本合同发生的争议,由当事人协商解决,协商不成的,依合同约定提交仲裁委员会仲裁;

(二)因履行本合同发生的争议,由当事人协商解决,协商不成的,依法向人民法院起诉。

第二部分　附　加　险

在投保了车辆损失险的基础上方可投保全车盗抢险、玻璃单独破碎险、车辆停驶损失险、自燃损失险、新增加设备损失险;在投保了第三者责任险的基础上方可投保车上责任险、无过失责任险、车载货物掉落责任险;在投保了车辆损失险和第三者责任险的基础上方可投保不计免赔特约险。附加险条款与基本险条款相抵触之处，以附加险条款为准，未尽之处，以基本险条款为准。

一、全车盗抢险条款

第一条 保险责任

（一）保险车辆（含投保的挂车）全车被盗窃、被抢劫、被抢夺，经县级以上公安刑侦部门立案证实，满三个月未查明下落；

（二）保险车辆全车被盗窃、被抢劫、被抢夺后受到损坏或车上零部件、附属设备丢失需要修复的合理费用。

第二条 责任免除

（一）非全车遭盗抢，仅车上零部件或附属设备被盗窃、被抢劫、被抢夺、被损坏；

（二）被他人诈骗造成的全车或部分损失；

（三）全车被盗窃、被抢劫、被抢夺期间，保险车辆肇事导致第三者人员伤亡或财产损失；

（四）被保险人因违反政府有关法律、法规被有关国家机关罚没、扣押；

（五）被保险人因与他人的民事、经济纠纷而致保险车辆被抢劫、被抢夺；

（六）租赁车辆与承租人同时失踪；

（七）被保险人及其家庭成员、被保险人允许的驾驶员的故意行为或违法行为造成的全车或部分损失。

第三条 保险金额

保险金额由保险人与被保险人在保险车辆的实际价值内协商确定。

当保险车辆的实际价值高于购车发票金额时，以购车发票金额确定保险金额。

第四条 被保险人义务

（一）被保险人得知或应当得知保险车辆被盗窃、被抢劫或被抢夺后，应在24小时内（不可抗力因素除外）向当地公安部门报案，同时在48小时内通知保险人，并登报声明；

（二）被保险人向保险人索赔时，须提供保险单、机动车行驶证、购车原始发票、车辆购置附加费凭证、车钥匙，以及出险地县级以上公安刑侦部门出具的盗抢案件证明和车辆已报停手续。

第五条 赔偿处理

（一）根据被保险人提供的索赔单证，保险人按以下规定赔偿：

1. 全车损失，按基本险条款第十五条第（一）项有关规定计算赔偿金额，并实行20%的绝对免赔率。但被保险人未能提供机动车行驶证、购车原始发票，车辆购置附加费凭证，每缺少一项，增加0.5%的免赔率；缺少车钥匙的增加5%的免赔率；

2. 符合本条款第一条第（二）项规定的损失，按实际修复费用计算赔偿，最高不超过全车盗抢险保险金额；

3. 被保险人索赔时未能向保险人提供出险地县级以上公安刑侦部门出具的盗抢案件证明及车辆已报停手续，保险人不负赔偿责任。保险人确认索赔单证齐全、有效后，由被保险人签具权益转让书，赔付结案。

第六条 其他事项

保险人赔偿后,如被盗抢的保险车辆找回,应将该车辆归还被保险人,同时收回相应的赔款。如果被保险人不愿意收回原车,则车辆的所有权益归保险人。

二、车上责任险条款

第一条 保险责任

投保了本保险的机动车辆在使用过程中,发生意外事故,致使保险车辆上所载货物遭受直接损毁和车上人员的人身伤亡,依法应由被保险人承担的经济赔偿责任,以及被保险人为减少损失而支付的必要合理的施救、保护费用,保险人在保险单所载明该保险赔偿限额内计算赔偿。

第二条 责任免除

由于以下原因引起的损失,保险人不负责赔偿:

(一)货物遭哄抢、自然损耗、本身缺陷、短少、死亡、腐烂、变质;

(二)违法载运或因包装、紧固不善,装载、遮盖不当造成的货物损失;

(三)车上人员携带的私人物品、违章搭乘的人员或违章所载货物;

(四)由于驾驶员的故意行为、紧急刹车或本车上的人员因疾病、分娩、自残、殴斗、自杀、犯罪行为所致的人身伤亡、货物损失以及车上人员在车下时所受的人身伤亡;

(五)其他不属于保险责任范围内的损失和费用。

第三条 赔偿限额

车上承运货物的赔偿限额和车上人员每人的最高赔偿限额由被保险人和保险人在投保时协商确定。投保座位数以保险车辆的核定载客数为限。

第四条 赔偿处理

(一)车上伤亡人员按《道路交通事故处理办法》规定的赔偿范围、项目和标准以及保险合同的规定计算赔偿,但每人最高赔偿金额不超过保险单载明的本保险每座赔偿限额,最高赔偿人数以投保座位数为限。

(二)承运的货物发生保险责任范围内的损失,保险人按起运地价格在赔偿限额内负责赔偿;

(三)每次赔偿均实行相应的免赔率,免赔率及办法与基本险第二十条相同。

三、无过失责任险条款

第一条 保险责任

投保了本保险的机动车辆在使用过程中,因与非机动车辆、行人发生交通事故,造成对方人员伤亡和财产直接损毁,保险车辆一方无过失,且被保险人拒绝赔偿未果,对被保险人已经支付给对方而无法追回的费用,保险人按《道路交通事故处理办法》和出险当地的道路交通事故处理规定标准在保险单所载明的本保险赔偿限额内计算赔偿。

第二条 赔偿处理

本保险每次赔偿均实行20%的绝对免赔率。

四、车载货物掉落责任险条款

第一条 保险责任

投保了本保险的机动车辆在使用过程中,所载货物从车上掉下致使第三者遭受人身伤亡或财产的直接损毁,依法应由被保险人承担的经济赔偿责任,保险人在保险单所载明的本保险赔偿限额内计算赔偿。

第二条　责任免除

(一)被保险人及其家庭成员的人员伤亡、财产损失;

(二)驾驶员故意行为或车上所载气体、液体泄漏所造成的损失。

第三条　赔偿限额

车载货物掉落责任每次事故的赔偿限额由被保险人与保险人在投保时协商确定。

第四条　赔偿处理

本保险每次赔偿均实行20%的绝对免赔率。

五、玻璃单独破碎险条款

第一条　保险责任

投保了本保险的机动车辆在使用过程中,发生本车玻璃单独破碎,保险人按实际损失计算赔偿。投保人在与保险人协商的基础上,自愿按进口风挡玻璃或国产风挡玻璃选择投保;保险人根据其选择承担相应保险责任。

第二条　责任免除

(一)灯具、车镜玻璃破碎;

(二)被保险人或其驾驶员的故意行为,以及安装、维修车辆过程中造成的破碎。

六、车辆停驶损失险条款

第一条　保险责任

投保了本保险的机动车辆在使用过程中,因发生基本险第一条所列的保险事故,造成车身损毁,致使车辆停驶,保险人按以下规定承担赔偿责任:

(一)部分损失的,保险人在双方约定的修复时间内按保险单约定的日赔偿金额乘以从送修之日起至修复竣工之日止的实际天数计算赔偿;

(二)全车损毁的,按保险单约定的赔偿限额计算赔偿;

(三)在保险期限内,上述赔款累计计算,最高以保险单约定的赔偿天数为限。

第二条　责任免除

保险人对下列停驶损失不负责赔偿:

(一)车辆被扣押期间的损失;

(二)因车辆修理质量不合要求,造成返修期间的损失;

(三)被保险人及其驾驶员拖延车辆送修或修复时间的损失;

第三条　赔偿限额

赔偿限额以投保人与保险人投保时约定的赔偿天数乘以约定的日赔偿金额为准,但本保险的最高约定赔偿天数为90天。

七、自燃损失险条款

第一条　保险责任

投保了本保险的机动车辆在使用过程中,因本车电器、线路、供油系统发生故障及运载货物自身原因起火燃烧,造成保险车辆的损失,以及被保险人在发生本保险事故时,为减少保险车辆损失所支出的必要合理的施救费用,保险人在保险单该项目所载明的保险金额内，按保险车辆的实际损失计算赔偿；发生全部损失的按出险时保险车辆实际价值在保险单该项目所载明的保险金额内计算赔偿。

第二条　责任免除

对下列原因造成的损失，保险人不负责赔偿：

（一）被保险人在使用保险车辆过程中，因人工直接供油、高温烘烤等违反车辆安全操作规则造成的损失；

（二）因自燃仅造成电器、线路、供油系统的损失；

（三）运载货物自身的损失；

（四）被保险人的故意行为或违法行为造成保险车辆的损失。

第三条　保险金额

由投保人和保险人在保险车辆的实际价值内协商确定。

第四条　赔偿处理

本保险每次赔偿均实行20%的绝对免赔率。

八、新增加设备损失险条款

第一条　保险责任

投保了本保险的机动车辆在使用过程中，发生基本险第一条所列的保险事故，造成车上新增加设备的直接损毁，保险人在保险单该项目所载明的保险金额内，按实际损失计算赔偿。

第二条　保险金额

保险金额以新增加设备的实际价值确定。

第三条　赔偿处理

本保险每次赔偿均实行绝对免赔率，绝对免赔率按照基本险第二十条确定。

第四条　其他事项

本保险所指的新增加设备，是指保险车辆出厂时原有各项设备以外，被保险人另外加装的设备及设施。办理本保险时，应列明车上新增加设备明细表及价格。

九、不计免赔特约险条款

只有在同时投保了车辆损失险和第三者责任险的基础上方可投保本附加险。当车辆损失险和第三者责任险中任一险别的保险责任终止时，本附加险的保险责任同时终止。

第一条　保险责任

办理了本项特约保险的机动车辆发生保险事故造成赔偿，对其在符合赔偿规定的金额内按本险条款规定计算的免赔金额，保险人负责赔偿。

第二条　责任免除

对于各附加险项下规定的免赔金额，保险人不负责赔偿。

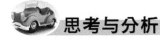

思考与分析

1. 单选题

（1）中华人民共和国交通令[2005]第7号第三十八条规定：在质量保证期和承诺质

量保证期内,因修理质量原因造成机动车无法正常使用,且承修方在(　　)内存留或者无法提供因非维修原因而造成机动车无法使用的相关证据的,机动车维修经营者应当及时无偿返修,不得故意拖延或者无理拒绝。

  A. 1 日   B. 2 日   C. 3 日

(2)《汽车三包规定》第五章第十八条规定:在家用汽车产品包修期内,家用汽车产品出现产品质量问题,消费者凭三包凭证由修理者免费(　　)(包括工时费和材料费)。

  A. 修理   B. 运输   C. 税收

(3)保证期制度:一级维护、小修及专项修理质量保证期为车辆行驶(　　)。

  A. 800 公里或者 10 日

  B. 2 000 公里或者 10 日

  C. 700 公里或者 7 日

(4)汽车和危险货物运输车辆的整车修理和总成车辆保证期为车辆行驶(　　)。

  A. 20 000 公里或者 100 日

  B. 10 000 公里或者 100 日

  C. 20 000 公里或者 50 日

(5)二级维护质量保证期为车辆行驶(　　)。

  A. 5 000 公里 50 日

  B. 2 000 公里 10 日

  C. 5 000 公里或者 30 日

(6)在家用汽车产品三包有效期内,符合更换条件的,销售者应当自消费者要求换货之日起(　　)个工作日内向消费者出具更换家用汽车产品证明。

  A. 5   B. 10   C. 15

(7)消费者遗失家用汽车产品三包凭证的,销售者、生产者应当在接到消费者申请后(　　)个工作日内予以补办。消费者向销售者、生产者申请补办三包凭证后,可以依照本规定继续享有相应权利。

  A. 5   B. 10   C. 15

2. 多选题

(1)对(　　)原因造成的损失,保险人不负责赔偿。

  A. 被保险人在使用保险车辆过程中,因人工直接供油、高温烘烤等违反车辆安全操作规则造成的损失

  B. 因自燃仅造成电器、线路、供油系统的损失

  C. 运载货物自身的损失

  D. 被保险人的故意行为或违法行为造成保险车辆的损失

(2)保险人对(　　)不负责赔偿。

  A. 车辆被扣押期间的损失

  B. 因车辆修理质量不合要求,造成返修期间的损失

  C. 被保险人及其驾驶员拖延车辆送修或修复时间的损失

  D. 遭自然灾害的损失

(3) 在家用汽车产品三包有效期内,发生(　　)情况之一,消费者选择更换或退货的,销售者应当负责更换或退货。

  A. 因严重安全性能故障累计进行了 2 次修理,严重安全性能故障仍未排除或者又出现新的严重安全性能故障的

  B. 发动机、变速器累计更换 2 次后,或者发动机、变速器的同一主要零件因其质量问题,累计更换 2 次后,仍不能正常使用的,发动机、变速器与其主要零件更换次数不重复计算

  C. 转向系统、制动系统、悬架系统、前/后桥、车身的同一主要零件因其质量问题,累计更换 2 次后,仍不能正常使用的

(4) 在家用汽车产品包修期和三包有效期内,存在(　　)情形之一的,经营者对所涉及产品质量问题,可以不承担三包责任。

  A. 消费者所购家用汽车产品未被书面告知存在瑕疵的

  B. 家用汽车产品用于出租或者其他营运目的的

  C. 发生产品质量问题,消费者自行处置不当而造成损坏的

  D. 因消费者未按照使用说明书要求正确使用、维护、修理产品,而造成损坏的

(5) (　　)禁止经销、买卖、拍卖和经纪。

  A. 已报废或者达到国家强制报废标准的车辆

  B. 在抵押期间或者未经海关批准交易的海关监管车辆

  C. 在人民法院、人民检察院、行政执法部门依法查封、扣押期间的车辆

  D. 通过盗窃、抢劫、诈骗等违法犯罪手段获得的车辆

  E. 发动机号码、车辆识别代号或者车架号码与登记号码不相符,或者有凿改迹象的车辆

3. 判断题

(1) GB/T 5336—2005 4.4.3 指出:油漆涂层外观色泽均匀,表面漆膜附着牢固,漆面和漆层无流痕、脱皮、裂纹、起泡、皱纹和漏漆等现象,漆面涂层符合 QC/T484 有关规定。(　　)

(2) 在质量保证期和承诺的质量保证期内,因维修质量原因造成机动车无法正常使用,且承修方在 3 日内不能或者无法提供因非维修原因而造成机动车无法使用的相关证据的,机动车维修经营者应当及时有偿修理,不得故意拖延或者无理拒绝。(　　)

(3) 机动车维修经营者应当按照国家、行业或者地方的维修标准和规范进行维修。尚无标准或规范的,可参照机动车生产企业标准或自定修理标准。(　　)

(4) 提醒消费者阅读安全注意事项、按产品使用说明书的要求进行使用和维护保养。(　　)

(5) 质量信誉档案的主要内容包括投诉情况,每次投诉的投诉人、投诉内容、受理部门、投诉方式、曝光媒体名称、社会影响及处理等情况。(　　)

(6) 机动车维修质量保证期,从维修入厂之日起计算。(　　)

(7) 只有在同时投保了车辆损失险和第三者责任险的基础上方可投保本附加险。(　　)

(8)被保险人得知或应当得知保险车辆被盗窃、被抢劫或被抢夺后,应在 24 小时内(不可抗力因素除外)向当地公安部门报案,同时在 48 小时内通知保险人,并登报声明。
(　　)

(9)家用汽车产品包修期限不低于 3 年或者行驶里程 60 000 公里,以先到者为准;家用汽车产品三包有效期限不低于 2 年或者行驶里程 50 000 公里,以先到者为准。家用汽车产品包修期和三包有效期自销售者开具购车发票之日起计算。
(　　)

(10)在家用汽车产品包修期内,因产品质量问题每次修理时间(包括等待修理备用件时间)超过 5 日的,应当为消费者提供备用车,或者给予合理的交通费用补偿。(　　)

4.分析题

(1)中华人民共和国交通部[1990]第 13 号令《汽车运输业车辆技术管理规定》对道路运输车辆的维护作业有何规定?

(2)中华人民共和国交通部令[2005]第 7 号《机动车维修管理规定》对机动车维修质量管理有何规定?

(3)《汽车三包规定》规定了多长时间或里程之内车辆出现什么状况可以换车或退货?

(4)汽车产品的消费者、经营者承担的权利、义务、责任是什么?

(5)二手车交易完成后,卖方应当及时向买方交付车辆、号牌及车辆法定证明、凭证。车辆法定证明、凭证主要包括哪些?

(6)由于哪些原因引起的损失,保险人不负责赔偿?

参 考 文 献

[1] 机动车维修管理规定.中华人民共和国交通部[2005]第7号令.
[2] 家用汽车产品修理、更换、退货责任规定.国家质量监督检验检疫总局,2013.
[3] 机动车辆保险条款(全国)保监发[2000]第16号.